H. RAY DUNNING

Santificazione
Una guida per i laici

Traduzione di Mariella Cereda
Copertina di Jean Carlos Lourenci

Casa Editrice Nazarena

ISBN 978-1-56344-778-5

Questo libro è stato originariamente pubblicato in inglese con il titolo *A Layman's Guide to Sanctification*. Copyright © 1991 da Beacon Hill Press of Kansas City (una divisione di Nazarene Publishing House, Missouri (USA).

Questa traduzione italiana è stata pubblicata con il permesso di Nazarene Publishing House.

Copyright © 2013, Casa Editrice Nazarena

DIGITAL REV 142102.1.1A

Sommario

Prefazione

Come chi impara a convivere con un handicap, molte brave persone entro le schiere della Santità, hanno silenziosamente smesso di cercare ciò che alcuni definiscono "una vita più profonda," ('Intera santificazione' ovvero 'la perfezione cristiana') e si sono accontentati di vivere un'esistenza spirituale di seconda classe. Molti di costoro, hanno provato tutte le varie vie per giungere alla Grazia santificatrice ma ne sono usciti vuoti, scoraggiati e persino tormentati. Altri, nel tentativo di provare l'esperienza secondo la definizione e la norma comune, sono quasi arrivati ad una forma di esaurimento nervoso. Confusi e frustrati sono, perciò, caduti in una forma di personale disistima spirituale concludendo che vi era, in loro, qualcosa che certamente non andava, accontentandosi di vivere come cittadini di seconda classe del Regno di Dio. Tutto sembra andare bene fin quando la predicazione o la conversazione comune non vertono sull'argomento dell'intera santificazione. A questo punto diventano nervosi, tesi o tormentati come coloro che provano a superare una vecchia angoscia. Stando loro vicino, si nota come una profonda tristezza abbia preso il posto della speranza di una salvezza completa.

Un altro gruppo di "pellegrini scomodi" è formato da coloro che sono stati prematuramente costretti a confessare l'esperienza della Grazia santificatrice. Costoro testimoniano, "per fede," un'esperienza che credono di dover provare e intendono, sinceramente, fare ciò che Dio e la chiesa si aspettano da loro, "la invocano e la pretendono." Evidentemente, però, ciò che essi provano nel profondo del cuore è molto diverso dalla promessa e dalle proposte che essi ascoltano riguardo alla vita di santità. Tanti, addirittura, considerano con superficialità questa grande benedizione e sembrano chiedersi. "È tutto qui?" Altri, in questa categoria, arrivano a considerare la testimonianza (che peraltro fanno con riluttanza e senza gioia) come un lasciapassare per essere accolti nella comunità.

Questi due gruppi sono rimasti tenacemente aggrappati a noi offrendoci, adesso, la possibilità di introdurli alla vera gioia ed ai privilegi di una vita santificata.

Purtroppo c'è ancora un altro gruppo, in particolare fra i giovani, che, nei nostri riguardi, non è stato molto paziente. Quando si è verificata una qualche lacuna fra ciò che si proclama e promette e ciò che si osserva e si prova, ha prontamente e definitivamente accantonato l'idea e ci ha lasciato per aderire ad altre chiese o, addirittura, in molti casi, ha abbandonato la fede cristiana.

Melvin Dieter (esperto studioso della storia del Movimento di santità), afferma che ogni generazione di credenti, nel Movimento di santità, considera la propria storia come un patrimonio da porre in vendita. In questo caso, è come se tutti i beni di una casa o di un famiglia fossero messi in bella esposizione, in stanze vuote, nella veranda o nel giardino. Tra tutti gli oggetti in vendita si potrebbero trovare mobili di inestimabile valore, capolavori di arte fine ed attrezzi utili insieme a parecchie cose inutili. Il compito di ogni generazione è, allora, quello di decidere ciò che ha valore inestimabile e ciò che è inutile. Una generazione frettolosa e superficiale rischia di considerare tutto inutile rivolgendosi ad altro.

Questo libro è rivolto, in modo particolare, a coloro che fanno parte dei seguenti tre gruppi:

- Coloro che si sono rassegnati a vivere una vita di credenti di seconda classe

- Coloro che sono stati spinti prematuramente a dichiarare un'esperienza di Grazia per la quale non erano stati preparati adeguatamente
- Coloro che hanno notato delle lacune fra ciò che è stato promesso e predicato e quello che si vive e si pratica , cadendo nella tentazione di rifiutare tutto. Chi fa parte di questo gruppo non deve esser disapprovato totalmente. Infatti, ha ascoltato tanti sermoni dai contenuti contrastanti e lezioni e testimonianze sulla santificazione; ha sentito il suono incerto di troppe trombe!

In molti paesi, l'insegnamento e la predicazione sono divenuti un carosello di astrazioni o un pasticcio di dialettica teologica. Questa confusione non è stata causata dal desiderio di essere malvagi ma ha, certamente, prodotto una condizione di debolezza nella testimonianza in coloro ai quali era stato affidato il grande "deposito."

Uno sguardo al passato per comprendere meglio

Circa un secolo fa, i nostri predecessori spirituali alla guida del Movimento di santità americano, compresero che il mondo da loro ereditato, si frantumava ai loro piedi. Tutto ciò in cui avevano creduto riguardo alla Bibbia, crollava loro addosso per l'attacco della cosiddetta "critica biblica europea." La fede cristiana creduta fino ad allora, inaridiva sotto i colpi del cosiddetto "modernismo teologico." Secondo molti, quando Charles Darwin pubblicizzò l'evoluzionismo, tentando di darne delle prove di credibilità, quanto era patrimonio comune di fede riguardante l'origine ed il destino dell'umanità, stava per essere spazzato via come un castello di sabbia colpito da un'alta onda.

Tutto ciò in cui si era creduto sulla natura della verità, sulla realtà e sui valori, era contrastato dalla nuova filosofia pragmatica dal padre della educazione progressiva, John Dewey. Questi, all'inizio del secolo, sopravvisse al crollo di ogni certezza proponendo l'idea che, in fin dei conti, non esiste niente di assoluto. Dichiarava, perciò, che "verità, bene e realtà" sono determinate dalla loro funzione. Persino quando i primi nazareni si riunirono a Pilot Point, nel Texas, il pensiero d Sigmund Freud imperversava in Europa ed avrebbe ben presto minacciato la seconda generazione di nazareni ponendo in dubbio ciò che essi avevano imparato sulla natura e sulla condizione umana. La persona sarebbe stata suddivisa in Id, Ego e Superego, anziché in corpo, anima e spirito.

Agli inizi del 1900, la strada era stata già spianata da uomini quali George Albert Coe, il quale aveva ridotto l'istruzione cristiana protestante ad "igiene mentale." Dalle rovine di questo molteplice modo di pensare di quel tempo, sorse un gruppo di persone che non era disposto ad accettare questo nuovo orientamento popolare. Essi credevano nel cristianesimo tradizionale, nella Bibbia, nella giustizia sociale e nella santità del cuore e della vita. Erano appassionati e caritatevoli, conservatori e tenaci, coraggiosi ed intraprendenti, energici e perspicaci. Credevano che il bisogno più grande della società e delle nazioni fosse l'esperienza della santità, e come J. Wesley, ritenevano che la Grazia santificatrice fosse la cura divina per la malattia individuale e di tutta l'umanità. Tale gruppo di persone diede vita ad un grande risveglio, organizzò chiese, fondò orfanotrofi ed edificò istituti scolastici di santità su tutto il territorio. Proclamò delle verità eterne e realizzò progetti gloriosi.

Aveva, pregiudizialmente, una forte avversione all'intellettualismo. Dopotutto, gli intellettuali scienziati, teologi, filosofi e studiosi che conoscevano il greco e l'ebraico biblico avevano distrutto il mondo ereditato dai loro genitori. Spinti quasi da un istinto di conservazione, si sono più o meno staccati nettamente dal sapere e dalla riflessione teologica e dalle ipotesi filosofiche in voga in quel tempo. Non ci sorprende, perciò, che tutte le brave persone facenti parte di questo movimento, abbiano ripiegato pesantemente sulla testimonianza e nell'esperienza personale.

Di conseguenza, col tempo, si sviluppò un modo di essere che dava più importanza all'esperienza personale privata che alla comprensione approfondita della Scrittura ed all'ampia riflessione teologica, cadendo, inevitabilmente, in una forma di squilibrio. Evitando l'intellettualismo ed esaltando la testimonianza e l'esperienza, si produsse un fenomeno di codificazione delle esperienze di quelle persone considerate più influenti e dotate di qualità particolari. La testimonianza potente del modo in cui Dio li aveva santificati fece si che gli stessi metodi divenissero una regola ed una pratica di molti seguaci. Il Movimento divenne autosufficiente e non necessitò di alcun consiglio esterno. Crescendo sempre più forte, divenne, in se stesso, un'autorità. Nel tempo si separò, persino, dalle sue radici wesleyane. Se, come ho fatto io, fate un sondaggio tra i pastori che hanno studiato nei vari Istituti universitari wesleyani e seminari del Movimento di Santità durante gli anni '40-'60, vi accorgerete come non fosse insolito, per uno studente di teologia, studiare per quattro anni al College e tre al Seminario senza che gli fosse richiesto di leggere, anche per una volta soltanto, gli scritti di J. Wesley.

Uno sguardo fiducioso al futuro

Da quando i nostri coraggiosi padri fondatori proclamarono per primi la "santità in Dio," si sono verificati almeno due grandi sconvolgimenti culturali che hanno influenzato il modo in cui i nord americani pensano e creano dei valori. Non possiamo più indossare comodamente, come accadeva nel passato, gli abiti teologici ereditati dai nostri predecessori e ciò è particolarmente vero per coloro che hanno aderito alla Chiesa del Nazareno senza possedere un adeguato background nella nostra Chiesa o in una simile chiesa di Santità.

Il compito di riproporre la tradizione in termini comprensibili ed in modo significativo ad una nuova generazione, in molti casi, non ha avuto successo. Non è stata di aiuto l'idea che per preservare l'eredità bisogna ridire le stesse cose nello stesso identico modo in cui venivano affermate dai nostri precessori contadini. Il limitato successo ottenuto in questo passaggio dei principi basilari della tradizione wesleyana e di santità, ci ha lasciato con molte frustrazioni, tanto dolore ed una grave crisi di identità. I nostri tempi richiedono la presenza di insegnanti saggi e pacati che amino la tradizione e desiderino far riaccostare la nostra gente alla parte più nobile della nostra identità.

Ray Dunning è uno di questi. È un uomo che può realmente servire Dio portando la Sua parola a coloro che sono assetati ed affamati di giustizia La letteratura sul tema della direzione spirituale ci rivela come una guida spirituale dovrebbe essere amabile e competente, piena di rispetto profondo, santa, paziente, teologicamente preparata, avente il dono del discernimento, lealtà, onestà e piena disponibilità alla guida dello Spirito Santo. Ray Dunning è all'altezza di questo compito. Egli è qualificato per poter pazientemente e gentilmente manifestare i tesori della nostra tradizione di santità secondo le Scritture.

In questo libretto, il Dr. Dunning ci invita nel suo salotto per delle tranquille conversazioni sulla santità. Apprezzerete certamente il suo richiamo ai suoi significati biblici ed alle descrizioni della vita santa. Egli ci aiuterà ad apprezzare il grande valore del nostro legame all'insegnamento di J. Wesley. La sua definizione biblica della Perfezione cristiana è veramente penetrante. La relazione tra la santificazione e l'amore è descritta chiaramente. La santità, intesa come recupero dell'immagine di Dio, è interpretata in armonia con l'insegnamento di J. Wesley e la gioia ed il conforto risultanti dal raggiungimento della Perfezione cristiana, sono esposte in modo comprensibile.

Suggerisco di leggere questo libretto dapprima velocemente, per trarne una veduta generale e poi, una seconda volta, con attenzione, come parte della propria adorazione privata a Dio, ma, è ciò è ancor più importante, avvicinandosi a questo testo con una mente aperta. Leggetelo, allora, come se ascoltaste per la prima volta, la dottrina della santificazione.

—Wesley Tracy

Nota al lettore

Il titolo di questo saggio necessita un chiarimento. Il termine laico non dovrebbe essere inteso come una classe di persone che non appartiene al clero. Questo è, pur sempre, un uso appropriato del termine che, però, potrebbe far intendere qualsiasi persona, uomo o donna, non esperta tecnicamente in determinate discipline. Ad esempio, anch'io, pur interessandomi di scienza, potrei definirmi un laico quando mi trovo a conversare di tecnologia dove vige l'uso di un'appropriata specifica terminologia e le teorie scientifiche sono innumerevoli, seppur entro i limiti di una normale ma specifica nomenclatura scientifica. Mi piace leggere pubblicazioni scientifiche ma non altamente specializzate perché, quando presentano un linguaggio troppo difficile, non posso far altro che scartarle. Similmente, molte persone anche tra il clero, non sono esperte di teologia e, perciò, possono essere definite laiche.

Certamente, non vi è niente di denigratorio nell'uso di questo termine e nessuno dovrebbe concludere, rassegnato, dicendo "sono un laico," specialmente in chiesa. Tuttavia, è anche vero, che vi sono alcune persone, nella chiesa, che hanno sacrificato parte della loro vita allo studio specializzandosi negli aspetti più tecnici della teologia. Capita, purtroppo, che costoro adoperino frequentemente un linguaggio troppo tecnico mettendo in difficoltà l'uditore. Succede pure che dei laici in teologia si presentino come degli esperti e che, a volte, lancino proclami come se fossero realmente degli esperti facendo ciò che "in altri ambiti professionali, non si sognerebbero mai di fare."

Lo scopo di questo saggio è, perciò, di evitare il più possibile le proprie considerazioni e conclusioni affinché ogni lettore possa ricevere una valida introduzione a questo grande tema.

Prefazione

Questo libretto è la somma di due fattori. Il primo è la fervida richiesta di laici nei luoghi dove ho predicato. Uomini e donne di fede, sensibili, intelligenti e leali, incontrano, spesso, seri problemi nell'accogliere formule stereotipe sulla dottrina della santità. Essi desiderano ascoltare risposte più adeguate alle loro domande. Molti sono rimasti soddisfatti della lettura di questo testo e considerano molto importante il fatto che la sua applicazione alla vita quotidiana risulti facile. In verità, la teologia deve essere vissuta, altrimenti non è credibile nell'ambito della chiesa.

Il secondo fattore è stato l'appello rivoltomi dal Past. Paul Neal durante l'Assemblea dei rappresentanti commerciali della NPH (Casa Editrice Nazarena, n. d. t.) in preparazione alle assemblee distrettuali del 1990. Tutti i rappresentanti concordarono sulla necessità di avere degli scritti semplici sulla santificazione per le proprie comunità che, come essi affermavano, chiedevano sempre delle semplici trattazioni del soggetto in questione. Mentre parlavo con Paul di questa necessità, si accese in me il desiderio di fare qualcosa per soddisfare questa esigenza. Sarebbe esagerato pensare che questo semplice scritto possa rispondere alle domande di tutti. I temi fondamentali, tuttavia, sono discussi con l'intento di offrire una risposta adeguata e competente. Si è cercato di spiegare sia il linguaggio tecnico che i concetti teologici particolari.

Il lettore dovrebbe notare il legame che tiene unita ogni parte di questo scritto. È, perciò, molto appropriato studiare il suo contenuto considerando questa unità interna per giungere ad una migliore comprensione.

Pur se questo testo tratta il tema della santità in modo semplice, vi sono diversi riferimenti in nota. Lo scopo è di offrire delle risorse a coloro che desiderano approfondire i temi qui trattati. Si cerca, inoltre, di evitare l'accusa di adoperare materiale altrui senza dar loro il dovuto credito. La bibliografia provvede ulteriori risorse per tutti coloro che desiderano dare uno sguardo più approfondito al tema della santificazione.

Introduzione

Chi ha le idee confuse sulla santificazione?

"Santificazione" è un importante termine teologico. Molti evitano parole più estese di due sillabe quando si parla, specialmente, di teologia. Comunque, il problema non risiede nel numero di sillabe che un termine contiene (sei, credo) ma nel fatto che persiste un'intricata varietà di opinioni al suo riguardo.

Questo approccio ha delle conseguenze sul modo di dare significato ai termini. Innanzitutto, dovremmo evitare di consultare un dizionario considerandolo fonte di teologia. Il dizionario, infatti, riporta soltanto il modo in cui i termini sono adoperati oggi, ed in senso generico. Forse potremmo usare un dizionario biblico o di teologia, ma la cosa migliore da fare è valutare il significato che un concetto acquisisce in tutta la Scrittura, lasciando che sia l'autore a dettarne il significato. Inoltre, non dovremmo limitarci alle parole santificare, santificazione e santità. Il significato della santificazione si estende ben oltre questi passi biblici che usano termini specifici. Una collezione più ampia di termini e concetti ci dà modo di giungere meglio al significato di santificazione. Esempi sono "perfezione, immagine di Dio, amore, disciplina" e molti altri ancora adoperati, a volte, in modo indiretto. Tuttavia, in questo scritto, parleremo dei termini più importanti.

Altra cosa da evitare è il riferimento a testi specifici che affermano precisamente ciò che siamo abituati ad ascoltare della dottrina della santificazione secondo insegnamenti comuni di predicatori popolari. Per esempio, cercheremo vanamente nella predicazione di Gesù termini classici e strutture abitualmente associate alla predicazione ed all'insegnamento della santità. Perché? Possiamo suggerire due ragioni. La prima, si rifà al tentativo di formulare l'insegnamento biblico in forma logica adoperando un linguaggio contemporaneo. Così facendo, si dà una struttura particolare alla dottrina cristiana ma, spesso, si va oltre l'esatta terminologia biblica. Familiarizziamo così tanto con tali espressioni da rimanere stupiti quando ci accorgiamo che sono il prodotto di teologi anziché una ripetizione di frasi e termini biblici. A volte ci leghiamo talmente a determinate formule da resistere a modi nuovi e diversi di riscoprire la verità delle Scritture. Tale inflessibilità e mancanza di apertura a nuove interpretazioni viene chiamata "irrigidimento categoriale."

Dobbiamo ammettere che questo ci pone in svantaggio nei confronti di chi, insistentemente, afferma che ogni enunciato religioso debba essere confermato da un riferimento biblico letterale. Tuttavia non abbiamo altra scelta dal momento che la Bibbia non contiene degli enunciati teologici formali, e la maggior parte degli articoli dottrinali non può essere confermata in termini così semplicistici.

Vi è anche un'altra ragione per cui è difficile citare testi di prova per alcune formulazioni dottrinali riguardanti, in special modo, l'esperienza della santità cristiana. La nostra comprensione non deriva da testi specifici ma da un'interpretazione totale della teologia biblica. Come afferma W. T Purkiser: "La dottrina della santità cristiana si basa sulla fiducia piena nell'intera Scrittura. Non è semplicemente un filone o una linea di pensiero che attraversa la Parola di Dio. E', piuttosto, un intreccio di insegnamenti che è una parte essenziale dell'intero tessuto dottrinale."[1]

Comprendiamo, allora, che dobbiamo avere una approccio più ampio alla Scrittura. Anziché citare testi di prova per la dottrina della santificazione, dobbiamo rifarci alla più ampia struttura della teologia biblica.[2] Secondo questo principio, vogliamo allora delineare alcuni dei temi maggiori riguardanti la santificazione adoperando la Scrittura in modo più ampio secondo una panoramica varia di temi che, insieme, formano la trama della santificazione biblica.

PARTE I

La santificazione nell'Antico Testamento

1

La Santificazione nell'Antico Testamento

Il libro del Levitico contiene la trattazione più estesa della santità (termine base) e della santificazione (l'azione o il processo mediante cui qualcosa o qualcuno è reso santo) presente nell'Antico Testamento. Infatti, la santità è il concetto chiave dell'intero libro. Eppure, molti di noi non leggono il Levitico pensando che tutte quelle leggi dietetiche, quei rituali di purificazione ed altre cose, siano state spazzate via in Gesù Cristo. Il risultato è la poca attenzione alla fonte migliore per la comprensione dell'idea della santità.

"Siate santi perché io sono santo" è, infatti, il motto del Levitico. È ripetuto quattro volte (11:44-45; 19:2; 20:26) e suggerisce tre importanti verità:

1. Soltanto Dio è essenzialmente santo. È la santità che definisce la natura di Dio; le definizioni limitano il loro oggetto, perciò, essendo Dio illimitato, la Sua natura non può essere chiaramente circoscritta in formule. Ci si avvicina meglio al suo significato quando si afferma che il nome di Dio viene profanato dall'idolatria, dalla falsità, e da altri peccati (18:21; 19:17; 21:6; 22:2). Ciò significa che Egli dimostra la Sua santità nella condanna del peccato (vd. 10:3; Numeri 20:13) e che "la santità è intrinseca all'essere di Dio."[3]

2. La santità negli esseri umani (o nelle cose) è presente soltanto in relazione a Dio. Cioè, nessun oggetto finito o persona possiede una santità propria; la santità delle cose e delle persone è derivata e dipendente. Questa santità derivata è presente soltanto fin quando la persona o la cosa in questione, si trova nella giusta relazione con Dio.

3. La santità negli esseri umani viene compresa nei termini di "somiglianza a Dio." Vi è però, un problema. Se la santità di Dio non è definibile in modo positivo (vd. n.1) come possiamo esprimere il significato di "essere santi come Dio è santo"? E' proprio qui che il Levitico ci offre un grande aiuto. Stranamente questo "motto" viene suggerito nel bel mezzo di una lunga discussione concernente cibi puri ed impuri ed in altri contesti riguardanti argomenti che noi giudicheremmo irrilevanti per la fede cristiana. Ma è proprio questa disposizione che ci aiuta a chiarire il significato della santità nell'esperienza umana. Gli animali impuri, infatti, sono quelli che presentano caratteri appartenenti a due regni diversi. Per esempio, il pesce gatto nuota nell'acqua ma non presenta le scaglie caratteristiche dei pesci. La santità, allora, secondo una più approfondita valutazione, vieta la confusione tra due diverse classi di oggetti. Lo stesso principio sembra essere implicitamente presente nell'ordine che impedisce l'uso di due materiali diversi. Semi misti, infatti, non devono essere seminati e non si devono unire, in uno stesso vestito, due stoffe di diversa natura come coloro che presentano delle deformazioni non possono servire nel tabernacolo. Tutto ciò suggerisce che la santità, nell'esperienza umana, implichi interezza, integrità e normalità. Alcuni commentatori affermano che la distinzione tra animali puri ed impuri avesse lo scopo di ricordare ad Israele che Dio li aveva separati da ogni altra nazione sulla terra per essere la Sua pos

sessione; la santità, intende, perciò, separazione dall'impuro per appartenere al santo Dio.

Questi concetti sono molto utili per comprendere come la santità non sia una condizione di anormalità o qualcosa che avvolge e stravolge la nostra personalità. Al contrario, la santità non detrae umanità ma, piuttosto, ci rende ancor più umani.

Nell'Antico Testamento si diveniva santi o santificati mediante determinati rituali, quali l'aspersione del sangue o altri riti di purificazione. Tutto ciò poteva scadere in una forma di ritualismo che non produceva alcuna trasformazione etica, interiore. Il rituale poteva divenire una cerimonia vuota, e questo, purtroppo, accadeva frequentemente tra gli israeliti. Questo problema causò grandi tensioni tra sacerdoti e profeti. Per esempio, è emblematico il confronto drammatico tra Amos ed Amatsia come leggiamo in Amos 7:10-15. Inoltre, i profeti condannarono ripetutamente l'osservanza di riti religiosi senza il rispetto per le leggi del patto. Da ciò il sorgere della speranza che, nei tempi futuri, Dio avrebbe reso possibile una cambiamento radicale del cuore umano ed al posto di una santificazione esteriore avrebbe apportato una trasformazione interiore ed etica.

Geremia parla del nuovo patto in cui Dio avrebbe scritto la legge nel cuore (31:31 ss.), ed Ezechiele ode la promessa del Signore "E vi darò un cuor nuovo e metterò dentro di voi uno spirito nuovo; toglierò dalla vostra carne il cuore di pietra, e vi darò un cuore di carne . Metterò dentro di voi il mio spirito, farò si che camminerete secondo le mie leggi e osserverete e metterete in pratica le mie prescrizioni" (Ezechiele 36:26-27).

Dopo la chiusura dell'Antico Testamento, i rabbini continuarono a confidare in questa speranza della santificazione interiore. Essi credevano che al sorgere della nuova era dello

Spirito, "l'impulso malefico sarebbe stato tolto dal cuore di Israele...e lo Spirito, come potenza di rinnovamento morale, avrebbe dimorato stabilmente sul popolo."[4]

ESERCIZI DI FORMAZIONE SPIRITUALE

Concetti chiarificatori

Conferma o rifiuta

Singolarmente o in gruppo di due o tre, rivedi attentamente l'Introduzione ed il capitolo I per confermare o rifiutare le seguenti affermazioni. Apponi una "C" oppure una "R" e scrivi il numero della pagina di riferimento. Se si apre un dibattito, partecipa spiegando i concetti con parole tue e chiarendo perché sei d'accordo o in disaccordo con l'autore.

— 1. In molti casi quando si è tentato di spiegare la santificazione alla fine si è insegnata la propria particolare esperienza considerandola normativa per tutti.

— 2. Il modo migliore di risolvere la maggior parte della confusione relativa alla santificazione, è di sottomettere le nostre dottrine e le nostre interpretazioni, alla Bibbia.

— 3. Dobbiamo insistere nel dire che ogni affermazione teologica ed ogni dichiarazione religiosa sulla santificazione debbano essere comprovate da un riferimento biblico letterale.

— 4. Il libro di Geremia ci offre la più approfondita ed ampia trattazione della santità presente nel Nuovo Testamento.

— 5. La santità umana è santità derivata.

— 6. Nell'Antico Testamento per santità s'intende la separazione da ciò che è impuro per appartenere al santo Dio.

— 7. La santità, con la sua enfasi sull'interezza ed integrità ci rende ancor più, e non meno, umani.

— 8. Geremia ed Ezechiele condividevano la speranza che la prossima età messianica avrebbe portato una santificazione interiore genuina anziché una santità ritualistica.

Impressioni ed apprezzamento

1. Quali frasi, sotto citate, esprimono meglio le tue impressioni prodotte dal tema della perfezione cristiana o intera santificazione?

A. Profonda gioia spirituale
B. Confusione deprimente
C. Ricordi dolorosi di passate lotte e delusioni
D. E' qualcosa in cui la mia Chiesa crede, perciò ci credo anch'io.
E. Gratitudine per la grazia santificatrice

2. Quale concetto, affermazione o idea nell'Introduzione o nel capitolo I, ha prodotto la risposta emotiva più forte in te? La risposta è stata negativa o positiva? Perché?

Scrivi un paragrafo sulle tue sensazioni dopo aver letto questa parte del libro. Se possiedi un diario spirituale, copia in esso il tuo paragrafo per futuri riferimenti.

Applicazione vitale

1. Dopo aver letto l'Introduzione ed il capitolo 1, su che cosa vuoi meditare e pregare?

2. Se dovessi scrivere "una lista di richieste di preghiera" per te stesso in risposta a quanto fin qui studiato, con quali due argomenti inizieresti? Se hai "un amico del cuore" con il quale puoi condividere apertamente i tuoi pensieri, valuta la possibilità di dargli o darle la tua "lista di richieste di preghiera."

3. Quali punti dello studio si relazionano, in modo diretto, alla tua vita familiare? Alla tua vocazione? Alla tua vita spirituale?

4. Se, questa settimana, dovessi cambiare una cosa nella tua vita in conseguenza di questo studio, quale sarebbe?

2

La santificazione nel Nuovo Testamento

L'ordine anticotestamentario, "siate santi, perché io sono santo" (Levitico11:44) acquista nuovo significato nel Nuovo Testamento. La natura di Dio viene più chiaramente definita mediante Cristo ritenuto l'esatta immagine di Dio (Colossesi 1:15). Se si desidera conoscere chi è Dio, bisogna guardare al Figlio di Dio; per questo morivo il comando di essere santi come Dio è santo diviene appello ad essere come Cristo, in natura e comportamento. Infatti, la santità è descritta nel Nuovo Testamento come una" dimostrazione dei tratti caratteristici famigliari" (vd. 1 Giovanni 2:28−3:10).

Ci si può avvicinare per altra via a questa verità. Nel principio, Dio creò gli esseri umani a propria immagine ed il Nuovo Testamento, suggerisce spesso che possiamo recuperare tale immagine perduta alla Caduta, immagine che viene rimodellata secondo Cristo. Uno dei Padri della chiesa primitiva ha ben illustrato questa verità con la storia dell'artista che aveva dipinto il ritratto di un uomo seduto. Il dipinto però, subì dei danni e per poterlo rifare adeguatamente l'artista dovette chiedere alla stessa persona di posare, nuovamente, come modello. Lo scopo dell'incarnazione, affermava Atanasio, è stato quello di rendere visibile questa immagine deturpata per poterla rifare.

Nel Nuovo Testamento il termine "gloria" è, spesso, sinonimo di immagine. Per esempio, in Romani 3:23 indica ciò di cui tutti sono mancanti (vd. anche 2 Corinzi 3:18). La santificazione, quindi, secondo il Nuovo Testamento, può essere meglio definita come la restaurazione dell'umanità all'immagine di Dio. Questa tema è presente in tutte le epistole neotestamentarie (Romani 8:28-29; 2 Corinzi 3:18). Nel compimento dell'attesa anticotestamentaria, il dinamismo di questa trasformazione è fornito dallo Spirito Santo che, nella vita del credente, riproduce le qualità di Cristo. È secondo questa finalità che si deve riconoscere ed accogliere l'opera autentica dello Spirito. (Vedi oltre)

Alla luce di quanto già detto, possiamo notare quanto fragile sia il tentativo di definire la santificazione nei termini di stati psicologici come, spesso, ho sentito fare in chiesa. Infatti, se qualcuno mi avesse chiesto il significato dell'intera santificazione, avrei certamente detto che intendeva il "non andare fuori dai gangheri" o il non "fare i capricci." Questi erano gli esempi usati ripetutamente per dimostrare il nostro bisogno di ricevere la "seconda benedizione" o per provare che già l'avevamo ricevuta. Sorgono, però, due problemi. Il primo si riferisce a persone che conosco che sono di temperamento mite, di modi cortesi, e gentili con gli altri in tutte le diverse situazioni ma che non hanno mai provato la grazia di Dio. Il secondo fa riferimento a determinate droghe che psicologi clinici usano per alterare determinati tratti del comportamento. Persone suscettibili a scoppi d'ira violenta possono divenire pacifiche, gentili e miti. In tutto questo non è coinvolta alcuna grazia. In poche parole, se la santificazione consiste soltanto in un determinato stato psicologico, lo psicologo può santificare la gente. L'essere conformi all'immagine di Cristo è, invece, qualcosa di completamente diverso. Naturalmente, credo ancora che i credenti santificati non debbano fare "i capricci o le bizze" ma, in verità, il Nuovo Testamento dice ben poco di tali stati psicologici.

Nel 18° secolo J. Wesley, padre del moderno movimento di santità, comprese questa problematica e radicò la sua interpretazione della santificazione sulla Scrittura. Egli è, perciò, una guida sicura quando tentiamo di rispondere alle molte domande che ci poniamo ed alle quali il Nuovo Testamento non risponde direttamente. Studiando la santificazione, faremo, quindi, ricorso alle sue argomentazioni.

ESERCIZI DI FORMAZIONE SPIRITUALE

Concetti chiarificatori

1. I concetti chiave in questo capitolo includono:

A. Gesù Cristo è l'esatta immagine del nostro santo Dio.
B. Nel Nuovo Testamento l'esortazione alla santità intende la somiglianza a Cristo.
C. Nel Nuovo Testamento, la santificazione intende, principalmente, la restaurazione dell'immagine di Dio che è stata danneggiata alla Caduta.
D. Lo Spirito Santo è l'Agente della grazia santificante e riproduce le qualità di Cristo nel cuore del credente santificato.
E. La santificazione non può essere definita nei termini di stati psicologici.

Riordina i citati "concetti chiave" secondo il tuo ordine di importanza. Se la discussione di gruppo o la condivisione con un amico del cuore fa parte dello studio di questo libretto, tieniti pronto a spiegare il "perché" delle tue scelte.

2. Colui che lo scrittore sceglie come testimone della sua causa ha molto in comune con la causa stessa. L'autore di questo capitolo chiama le seguenti persone come testimoni. Valuta la qualità dei suoi sostenitori ed identifica il contributo che l'autore chiede ad ognuno di loro.

A. Atanasio
B. L'apostolo Paolo
C. L'apostolo Giovanni
D. John Wesley

Sensazioni ed apprezzamento

Esamina velocemente questo breve capitolo ed ai margini del tuo libro segna con (+) il concetto o la frase che ti è nuova, con (?) ciò che ti lascia perplesso, ogni idea o frase che ti deprime, scoraggia o costerna e con (!) ogni idea, concetto o frase che ti è di benedizione, conforto, ispirazione o incoraggiamento

Applicazione vitale

1. Seleziona alcune tra le porzioni di Scrittura in questo capitolo per lo studio biblico. Leggile in traduzioni diverse. Scegline una o due per memorizzarle.

2. Seleziona una delle porzioni di Scrittura da usare nelle

- meditazioni familiari

- come preghiera di ringraziamento prima dei pasti
- in una lettera di guida spirituale
- come qualcosa da condividere con l'amico fidato
- come testimonianza ad un amico ammalato
- come motto da appendere nel tuo ufficio o in casa

3. Trova diversi inni che esprimono le verità insegnate in questo capitolo. Scegline uno come inno della settimana. Ogni volta che ti viene in mente una canzone secolare, sostituiscila con l'inno di santità della settimana.

PARTE II

Qualcuno cortesemente, mi spieghi la dottrina della santificazione in termini comprensibili

3

Giustificazione e santificazione

Prima di continuare lo studio sulla santificazione, dobbiamo considerare meglio il significato di un altro importante concetto teologico ed il suo rapporto con la santificazione: La giustificazione.

Ancora una volta ci troviamo di fronte ad un'immagine complessa da chiarire, dovuta alla stessa situazione che abbiamo notato con il termine santificazione. La dottrina della giustificazione è stata interpretata in modi diversi dai cristiani perché, il suo sinonimo, "rettitudine," viene adoperato nella Scrittura in almeno tre modi diversi. Questo uso molteplice ha causato una considerevole confusione persino tra i teologi.

"Giustificazione" è il termine comunemente usato in teologia con riferimento al rapporto salvifico con Dio. Il peccatore o ribelle è giustificato e, perciò, accolto da Dio. Possiamo allora proporre la seguente domanda: "Che cosa rende una persona accettevole a Dio?" Nella storia del pensiero cristiano sono state date due ampie risposte.

La prima interpreta la giustificazione nei termini di "rendere giusto" e, perciò, la confonde con la santificazione. L'ordine di salvezza vede dapprima la santificazione, quindi la giustificazione: si deve essere santi prima di essere accolti da Dio.

All'interno di questa posizione, sono stati insegnati due modi diversi per diventare santi. Il primo, che esprime la tendenza della natura umana a divenire autosufficiente, afferma che diveniamo santi per le nostre capacità. Compiamo delle buone opere e, perciò, meritiamo il favore di Dio. Questa via è stata tradizionalmente identificata con la posizione cattolico-romana. Gesù dimostrò l'inadeguatezza di questa interpretazione nella Sua parabola del pubblicano e del fariseo (Luca 18:9-14). Paolo scoprì la sua inutilità per esperienza personale (Filippesi 3:2-10) ed interpretò il tentativo di salvare se stesso, come un' espressione del peccato (carnalità). Questo modo di pensare si conclude, inevitabilmente, nel credere al Purgatorio come luogo dove il processo di santificazione sarà completato. Questo modo di confondere la santificazione con la giustificazione fu dapprima espresso da Agostino nel 4/5 secolo d.C. Egli insegnò che Dio ci rende santi e poi ci accoglie sulla base di questa santità. In seguito, questa interpretazione diede origine alla dottrina delle opere meritorie del Medio Evo divenendo, come abbiamo già detto, la posizione classica del cattolicesimo romano.

La seconda ampia risposta è quella protestante rappresentata da Martin Lutero e Giovanni Calvino, i personaggi più rappresentativi della Riforma Protestante del 16° secolo. In questo caso la giustificazione precede la santificazione. Ciò significa che Dio ci accoglie così come siamo. Egli si mostra disponibile a perdonarci mediante la morte del figliolo sulla croce. Il nostro compito è soltanto quello di confidare in Dio, credere nella Sua parola "ed accettare di essere stati accolti." Questa è la Giustificazione per Grazia mediante la fede. Nel momento in cui Gesù ci accoglie per la Sua misericordia ed il Suo amore, Egli inizia a trasformarci nel tipo di persona che vuole che siamo.

Questa seconda definizione della giustificazione non ci crea alcun problema. Tuttavia, i riformatori interpretarono il concetto di "giustificazione" in un modo tanto particolare da portare ad una conclusione inaccettabile. Essi, infatti, le diedero un significato etico. Mentre l'ideale cattolico prevedeva un nostro divenire eticamente giusti per poter essere accolti da Dio, i riformatori pensarono che tutto ciò avrebbe danneggiato il vangelo rendendolo un buon avvertimento e non una buona notizia. Essi, perciò, affermavano che Dio non soltanto ci accoglie come siamo ma che ci lascia in quel modo in cui siamo, personalmente, non giusti. Dio accoglie la giustizia personale di Cristo come giustizia sostitutrice e ci tratta come se fossimo giusti anche se non lo siamo realmente. J. Wesley, giustamente, dissentì affermando che Dio non inganna se stesso e non ci tratta per quello che in realtà non siamo.

Recentemente si è compreso come si possa interpretare la giustizia in modo diverso considerandola una forma di giustizia relazionale. Una persona, cioè, è giusta quando si conforma ai requisiti richiesti da un determinato vincolo relazionale. Per esempio, l'essere parte di una famiglia impone determinati obblighi ad una persona senza che questo abbia qualcosa a che vedere con la giustizia personale interessando, invece, la sua vita relazionale Un esempio è la sordida storia riportata in Genesi 38. Secondo la legge del levirato, quando moriva il marito senza aver lasciato una progenie, il fratello doveva sposare la vedova per garantire la continuità della stirpe. Tamar, una non ebrea, sposò il figlio di Giuda che morì. Questi, come prevedeva la Legge, le diede come marito il secondo figlio. Anch'egli, però, morì senza aver procreato e Giuda, allora, cominciò a preoccuparsi. Con un escamoutage, procrastinò le nozze del terzo figlio con Tamar. Nel proseguo degli eventi, Tamar si vestì da prostituta, sedusse Giuda e ne rimase incinta. Prima di lasciarlo, però, pretese un segno che identificasse Giuda come padre del nascituro. Quando la gravidanza fu evidente, Giuda fu "giustamente" indignato per l'immoralità della nuora ed era pronto a sentenziarne la pena di morte.

Tamar, però, capovolse la situazione mostrando le prove che lo accusavano. Giuda, allora, dichiarò Tamar ancor più "giusta" di lui perché si era sottomessa alla legge del levirato mentre lui, in questo modo, l'aveva infranta. Non c'è niente di etico nella storia, ecco perché riesce ad illustrare, così bene, questo terzo significato della giustificazione. Matteo, per inciso, includerà Tamar nella genealogia di Gesù.

Nel rapporto tra l'umano ed il divino, a Dio spetta di rimanere fedele alla Sua parola. Quando lo fa Egli è giusto (retto). Il nostro compito è quello di prenderlo in parola, cioè, avere fede. L'assolvimento del nostro compito ci rende giusti perché ci conformiamo ai requisiti di questa relazione. Nel 1 Giovanni 1:9 illustra splendidamente questa verità : "Se confessiamo i nostri peccati, Egli è fedele e giusto da rimetterci i peccati e purificarci da ogni iniquità". "Fedele e giusto" definisce la giustizia di Dio in questo contesto e il nostro compito è, semplicemente quello di accogliere la Sua offerta di perdono per cui, siamo giusti.

In conclusione, non dobbiamo guadagnarci il favore di Dio con quello che facciamo. Non dobbiamo neanche qualificarci secondo una qualche forma di santità etica, personale. Dobbiamo, soltanto, accogliere il suo dono di perdono ed il Suo invito. Dopo averci accettati "così come siamo," Dio inizia il processo di trasformazione rendendoci quel tipo di persone che Egli vuole che siamo. E questo disegno divino ha come finalità la restaurazione dell'immagine di Dio che è la vera santificazione.

ESERCIZI DI FORMAZIONE SPIRITUALE

Chiariamo i concetti

Per la riflessione

1. La domanda fondamentale posta in questo capitolo sulla giustificazione è "Che cosa rende accettevole una persona a Dio?" Riassumi brevemente, la risposta dell'autore a questa domanda.

2. L'autore parla di tre tipi di giustizia: giustizia per le opere, sostitutrice e relazionale. Quale delle tre rispecchia l'insegnamento che hai avuto da bambino? Quali persone o gruppi insegnano i tre tipi di giustizia? Leggi ancora questo capitolo. Formula le definizioni di giustificazione e rettitudine fino a quando pensi di poterla ben spiegare ad un ragazzine di 12 anni.

3. Studia l'articolo di fede nel Manuale nazareno riguardante la "Giustificazione, la rigenerazione e l'adozione (p. 33, par. 9-12. ed. 1989).

4. Studia le porzioni di Scrittura citate in questo capitolo: Luca 18:9-14; Filippesi 3:2-10; 1 Giovanni 1:9. Scrivi un paragrafo spiegando ciò che questi passi intendono in riferimento a ciò che rende una persona accettevole a Dio.

Sensazioni ed apprezzamento

Accade spesso che coloro che cercano ardentemente e con bramosia la grazia santificatrice, disprezzino la grazia salvifica e giustificatrice che già posseggono. Eppure, l'esser nati dall'alto, rigenerati, giustificati ed adottati nella famiglia di Dio è una notizia gloriosa. Anche se non sei ancora pienamente santificato, ringrazia e loda Dio per la grazia giustificatrice. Celebra la grazia salvifica sapendo che quella santificatrice verrà certamente. Uno degli inni più belli di Charles Wesley celebra proprio la grazia salvifica.

Come mai ho trovato interesse
del sangue del Salvatore!
Egli morì per me, ma chi causò il Suo dolore?
Per me. Egli morì? Amore immenso!
Come può accadere che Tu,
mio Dio, sia morto per me?
Egli lasciò il trono del Padre, in libertà,
così infinita era la Sua grazia!
Svuotò se stesso di tutto tranne
che dell'amore e si sacrificò
per la stirpe disperata di Adamo.
E', questa, una misericordia immensa e gratuita!
Perche, mio Dio, hai cercato me
il mio spirito da lungo tempo imprigionato,
strettamente incatenato nel peccato
e nella notte della natura,
I tuoi occhi hanno diffuso un raggio splendente.
Mi svegliai; la prigione era piena di luce.
Le mie catene caddero;

il mio cuore fu libero.
Mi alzai, andai avanti e Ti seguii.

La grazia giustificante non è qualcosa di poco valore ma è gloriosa. È molto più di un semplice preludio alla santificazione. In atteggiamento di preghiera, medita sull'inno precedente. Dopo un'attenta riflessione sulla tua esperienza di conversione, prova ad aggiungere un altro verso a questo canto. Va bene, non sei un poeta - allora, almeno, elenca alcune idee o immagini che useresti nel caso dovessi scrivere un canto per celebrare la tua conversione.

Applicazione vitale

La santificazione inizia alla giustificazione. Dunning esprime questa verità dottrinale nel modo seguente, "Dopo averci ricevuti 'come siamo' Dio inizia il processo di trasformazione nel tipo di persone che Egli vuole che siamo." Alcuni la definiscono "santificazione iniziale." Il credente giustificato diviene l'oggetto della grazia santificante. Questa preghiera favorita di Wesley (presa dalla Liturgia anglicana) può essere recitata da ogni credente giustificato:

"Onnipotente Iddio, di fronte a cui ogni cuore è aperto ed ogni desiderio conosciuto ed a cui nessun segreto è celato: Purifica i pensieri dei nostri cuori per l'ispirazione dello Spirito Santo, affinché possiamo amarti perfettamente, è degnamente magnificare il tuo santo nome in Gesù Cristo nostro Signore, Amen."

Questa preghiera è un sommario quasi perfetto della dottrina wesleyana dell'intera santificazione. Recitala, memorizzala, scrivila sul dorso del tuo biglietto da visita o in qualsiasi altra cosa che tu possa conservare nel borsellino o nel portafoglio. Recitala quando ti viene in mente, condividila con un amico. I risultati potranno essere stupefacenti.

4

La santificazione e l'immagine di Dio

John Wesley disse: "Voi ben sapete che il fine ultimo della religione e rinnovare i nostri cuori all'immagine di Dio, recuperare quella giustizia che abbiamo perduto per il peccato dei nostri progenitori. Sapete che qualsiasi tipo di religione che non giunga a questo fine o che si fermi prima della meta che è la restaurazione della nostra anima all'immagine di Dio, a somiglianza di Colui che l'ha creata, non è altro che una misera farsa, ed una mera parodia di Dio che porta alla distruzione dell'anima." [5]

Anche se vi sono stati molti tentativi di spiegare il significato del recupero dell'immagine di Dio, lo studio attento della grande quantità di materiale biblico a disposizione, ha condotto la maggior parte degli interpreti contemporanei a concludere che essa consiste, in modo particolare, di una molteplice *relazione con Dio* che include *ubbidienza, disponibilità* ed *amore.* Comprende anche *una relazione con il prossimo che è sincera, amabile e libera.* Inoltre implica *una cura responsabile delle possessioni* ed, infine, *un rapporto di sottomissione di se stessi al Creatore* che riconosce il ruolo appropriato dell'io nella relazione tra l'umano ed il divino. Ci riconosciamo, perciò, come servi e non come signori del nostro mondo.

Tutte queste relazioni sono state distrutte dalla disubbidienza della prima coppia e tutti noi, da allora, siamo venuti al mondo con questo bagaglio di relazioni distorte da un innato egocentrismo che viene identificato, nella teologia classica cristiana, come l'essenza del peccato. Leggendo la Scrittura notiamo che l'agire salvifico di Dio è sempre imperniato su queste relazioni che danno, al Suo progetto salvifico, delle conseguenze santificatrici. Possiamo notarlo quando identifichiamo questo fine all'interno della Legge, del Sermone sul Monte e delle Epistole paoline.

La Legge: La prima e la più importante cosa da imparare sulla Legge è che Dio non la diede come mezzo di salvezza. Il popolo di Israele nell'Antico Testamento non divenne popolo di Dio perché ubbidì alle sue regole. Invece, divenne popolo di Dio mediante il Suo atto liberatorio fondato sulla Sua fedeltà alle Sue promesse. In seguito, la legge entrò in scena per esprimere la volontà divina riguardante il modo in cui il popolo di Dio doveva vivere questa liberazione. La legge doveva essere obbedita come risposta amorevole alla Grazia; essa, infatti puntava a quelle relazioni che, abbiamo già suggerito, formavano l'immagine di Dio. Ubbidendo alla legge, il popolo realizzava il proprio destino di persone create all'immagine di Dio.

Mosè riassunse l'intera legge in Deuteronomio 6:5, in termini di amore, esortando, in modo specifico, ad amare Dio con tutto il cuore, l'anima e la forza. Levitico 19:18 riassume l'insegnamento della Legge nei rapporti con gli altri con le parole: "amerai il tuo prossimo come te stesso." Inoltre, la legge insegna il modo appropriato di relazionarsi al paese su cui il popolo deve esercitare un'amministrazione responsabile.

Il Sermone sul Monte: La collezione di insegnamenti, comunemente nota come Sermone sul Monte, è una descrizione della vita nel Regno di Dio. Contiene, inoltre, l'insegnamento di Gesù che esprime il desiderio di Dio per il popolo del Regno in tutte le sue possibili relazioni. È una bella esperienza scandagliarne l'interno alla ricerca della molteplice relazione alla quale fa continuamente riferimento.

Le Epistole: Le lettere del Nuovo Testamento, in modo particolare quelle scritte da Paolo, abbondano di riferimenti ed indicazioni circa il proposito divino di rinnovare l'uomo all'immagine di Dio. La caratteristica particolare è l'affermazione che questa immagine è incarnata da Gesù Cristo. L'immagine di Dio e quella di Cristo divengono, perciò, sinonimi e la santità è intesa quale somiglianza a Cristo.

ESERCIZI DI FORMAZIONE SPIRITUALE

Chiariamo i concetti

Tu sei l'insegnante:

Supponi di dover insegnare ad una classe di scuola domenicale una lezione sulla *"santità come restaurazione dell'immagine di Dio nell'umanità ."* Studia questo capitolo approfonditamente. Studia, in seguito, il Sermone sul Monte (Matteo 5-7), a cui l'autore fa riferimento notando le quattro dimensioni dell'essere all'immagine di Dio. Prepara, quindi, la lezione. Inizia stabilendo i tuoi obiettivi rispondendo alle seguenti tre domande:

Che cosa desidero che essi sappiano o comprendano?
Che cosa voglio che provino od apprezzino?
Che cosa desidero che facciano?

Sensazioni ed apprezzamento

Essere all'immagine di Dio intende una relazione:

1. con Dio caratterizzata da ubbidienza, disponibilità ed amore
2. con altre persone caratterizzata da sincerità, disponibilità ed amore
3. con le possessioni, caratterizzata da una responsabile amministrazione
4. di sottomissione al Creatore

Nella lista seguente sottolinea le sensazioni prodotte da ognuna delle quattro relazioni caratteristiche dell'essere all'immagine di Dio.

A. gratitudine
B. speranza
C. paura
D. condanna
E. desiderio di pregare
F. sollievo
G. altro

Applicazione vitale

1. Scopriamo la distanza

Su una scala di valori da 1 a 10 valuta te stesso riguardo alla quadruplice relazione esposta in questo capitolo: relazione con Dio, con gli altri, con le possessioni e la tua sottomissione al Creatore. (1 intende piena insoddisfazione di se stessi, 10 intende la piena soddisfazione in quest'area)

1..... 2..... 3..... 4..... 5..... 6..... 7..... 8..... 9..... 10.....

Inoltre, usando la stessa scala, segna dove vorresti essere tra un anno.

Così facendo hai scoperto la distanza tra dove sei e dove vorresti essere in queste importanti relazioni.

2. Colmiamo la distanza

Ricorda che quando riceviamo la grazia santificatrice, molto di quanto ci accade è nelle mani del Signore sovrano che ci guida e ci indirizza nei momenti giusti e nelle giuste direzioni. Noi, però, dobbiamo fare molto in risposta all'Iddio che ci invita ad una vita santa e secondo Cristo. Esaminando la distanza tra dove sei e dove vorresti essere, senti la voce di Dio che ti invita a colmare tale vuoto? Cosa pensi che il Signore desideri che tu faccia per colmare questa distanza in questo mese, questa settimana o, persino, oggi?

Compila una lista in modo specifico. Chiedi la Sua grazia e la Sua forza per rispondere in modo appropriato all'appello di Dio in Cristo. D'altronde, la santità è essere come Cristo.

5

La santificazione e lo Spirito

Come abbiamo già notato, commentando l'insegnamento sulla santificazione nell'Antico Testamento, nel tempo sorse la speranza che nella prossima era, quando lo Spirito di Dio sarebbe stato sparso su ogni figliolo di Dio, vi sarebbe stato un rinnovamento morale interiore. Il Nuovo Testamento si apre con la proclamazione, sia implicita che esplicita, che questa speranza è ora divenuta realtà.

Il Nuovo Testamento ci offre un'immagine interessante perché la comprensione dell'esperienza dello Spirito subisce degli sviluppi significativi. Non si registra soltanto un progresso oltre la visione anticotestamentaria, ma all'interno dello stesso Nuovo Testamento emerge uno schema ben preciso che ci fa meglio comprendere la relazione tra lo Spirito Santo e la santificazione. Tracciamo questo sviluppo per linee generali.

In primo luogo, è evidente che gli scrittori dei vangeli tentino di comunicare il messaggio della relazione particolare esistente tra Gesù e lo Spirito. La Sua nascita è il risultato dell'attività dello Spirito. Il battesimo testimonia la dotazione dello Spirito e tutto il Suo ministero è realizzato nella potenza dello Spirito. Diversamente dai profeti anticotestamentari che operavano per l'unzione occasionale, la presenza dello Spirito in Gesù è permanente e senza misura. Il Quarto Vangelo lo afferma esplicitamente.

Il dono dello Spirito ai credenti, nella nuova era, attende il compimento del ministero di Gesù. Perché? E. Stanley Jones ci aiuta con la sua acuta riflessione:

> *"La potenza dello Spirito per essere cristocentrica doveva necessariamente essere manifestata in ogni aspetto della Sua vita, dal banco del falegname al trono dell'universo, dal rifiuto al tradimento, dalla crocifissione al trionfo della risurrezione. Dovevamo assistere alla manifestazione della Sua potenza nella forma di suprema umiltà e modestia talché quando egli trionfò sui nemici alla risurrezione, si rifiutò di apparire trionfatore davanti a loro per intimidirli o sopraffarli ma fu umile in ogni circostanza e, tuttavia, onnipotente nella sua umiltà. Dovevamo vedere questa potenza nella sua totale estensione, poiché era una potenza universale."* [6]

Brevemente, l'esperienza che Gesù fece dello Spirito diede contenuto all'esperienza dello Spirito che fecero i Suoi seguaci. Le conseguenze furono radicali; la potenza, da allora in poi, non può più essere interpretata come forza irresistibile ma come forza di amore sacrificale. È questo il modo in cui si deve comprendere l'opera dello Spirito nella Sua attività santificatrice nella vita dei credenti: lo Spirito intende trasformarci all'immagine di Cristo. Passò del tempo prima che la chiesa primitiva lo comprendesse ed anche noi, per tanti versi, non l'abbiamo ancora compreso bene.

Paolo influenzò maggiormente l'insegnamento dell'esperienza specificatamente cristiana dello

Spirito santificante. Egli affrontò una manifestazione sub-cristiana di esperienza spirituale a Corinto e provò a correggerla senza negare che le persone coinvolte fossero dei credenti. Essi, infatti, pensavano che la presenza dello Spirito fosse convalidata da doni particolari, in special modo quelli spettacolari come, per esempio, il dono del parlare in lingue. Paolo, però, insisteva dicendo che la vera evidenza era la presenza dell'amore nella sua forma radicale di somiglianza a Cristo (1 Corinzi 13). James Stewart interpreta il pensiero degli studiosi del Nuovo Testamento in termini generali quando dice:

> *"Nella comunità cristiana primitiva vi era, inizialmente, la tendenza forse alquanto naturale in quelle circostanze a privilegiare concezioni più rozze dello Spirito interpretandone l'agire, principalmente, nei termini di fenomeni quali il parlare in lingue. Paolo fu colui che salvò la nascente fede dalla pericolosa regressione."* [7]

Implicitamente si afferma, perciò, che l'esperienza normativa e distintamente cristiana dello Spirito, si riscontra maggiormente nel frutto dello Spirito e non nei doni dello Spirito. Questi ultimi sono genuini ed importanti ma possono essere falsificati. Il teologo del 19° secolo F. Schleiermacher ha accuratamente e magnificamente definito tutto ciò dicendo "i frutti dello Spirito non sono altro che le virtù di Cristo."

Quale rapporto esiste, allora, tra santificazione e Spirito? Lo Spirito compie molte funzioni quale Agente dell'opera di Dio nel mondo, ma nella sua opera santificatrice Egli abita nel credente per produrre in lui e nella sua vita le qualità di Gesù Cristo.

ESERCIZI DI FORMAZIONE SPIRITUAEE

Chiariamo i concetti

II concetto basilare fortemente insegnato in questo capitolo è che lo Spirito santificatore causa dei cambiamenti radicali nella nostra vita. Egli produce in noi le profonde virtù di Cristo quali

- L'umiltà profonda
- II perdono illimitato
- L'amore estremo
- La potenza straordinaria (la potenza dell'amore sacrificale, non la forza)
- La totale somiglianza a Cristo

Tre storie vere

Jerry ed Hannah

Jerry ed Hannah erano sposati da circa quattro anni quando Jerry si arruolò nell'esercito, con residenza ad Okinawa. Finito il periodo della leva, decise di prolungare la ferma rimanendo ad Okinawa. Hannah era molto preoccupata. Ben presto scoprì che Jerry aveva una relazione con una donna del luogo dalla quale aveva avuto un figlio e con la quale scelse persino di stare lasciando Hannah dopo averle chiesto il divorzio. Hannah ne soffrì moltissimo. Attese qualche altro mese quando, inaspettata, le giunse la notizia che Jerry era morto di tumore fulminante.

Hannah aveva sempre in mente sia la donna che il figlio di Jerry. Pregò per loro. Che cosa doveva fare? Certamente non doveva niente a questa donna che le aveva rubato il marito! I suoi amici le consigliarono di dimenticare tutto e tutti e ricominciare una nuova vita.

Che cosa le avresti consigliato? Che cosa avresti fatto al suo posto?

Tramite il comando militare Hannah riuscì a trovare la donna ed il bambino. Erano in condizioni misere, vivevano in una capanna. Hannah superò tutte le difficoltà burocratiche ed economiche ma riuscì a portarli entrambi con sé. Lavorava in una industria mentre la donna di Okinawa teneva in ordine la casa. Insieme crebbero il bimbo dell'uomo che aveva fatto del male ad entrambe.

Enrique Pedroza

Un ragazzo di 16 anni camminava su una strada nei pressi della fattoria del padre in un paese dell'America centrale. Tre guerriglieri governativi lo fermarono accusandolo di essere un guerrigliero rivoluzionario. Dopo tutto, dicevano, egli aveva l'età giusta per entrare nell'esercito; il non averlo fatto, significava che era un ribelle. Lo legarono ad un albero, lo denudarono, lo bastonarono, lo evirarono con un machete ed infine lo torturarono fino alla morte. Enrique Pedroza, il padre della vittima, trovò il figliolo morto.

Che cosa avrebbe dovuto fare? Prendere il fucile e vendicarsi? Andare dal giudice per chiedere giustizia? Entrare a far parte dei guerriglieri? Tenere ben caldo il suo odio per farlo esplodere non soltanto per vendicarsi ma anche per far soffrire altri? Che cosa gli avreste suggerito? Che cosa avreste fatto al suo posto?

La domenica seguente Enrique si alzò per guidare la classe di scuola domenicale composta da donne e uomini del suo villaggio.

"Per essere come Gesù" "diceva, "dobbiamo perdonare i nostri nemici. Non soltanto a parole ma con tutto il cuore. Se la vendetta è la cosa giusta, allora Gesù aveva torto. Ma io voglio essere come Gesù. Preghiamo per i nostri nemici che ci odiano e, a volte, ci distruggono."

E' questo il perdono profondo di cui ci rende capaci lo Spirito?

Hilda, l'infermiera

Hilda lavorava in un ospedale psichiatrico; curava amorevolmente i suoi pazienti. Uno di loro era una ragazzina di 12 anni, di nome Tammy, chiusa in una stanza insonorizzata. Tammy era stata cresciuta da genitori alcolizzati che la odiavano, l'avevano violentata e picchiata. Un giorno, mentre gridava terrorizzata, la madre aveva imbracciato un fucile ed aveva ucciso il padre. Tammy era impazzita divenendo violenta. Nessuna cura le procurava beneficio. I dottori, allora, decisero che l'unica soluzione per Tammy sarebbe stata una esperienza di profonda catarsi in cui lei avrebbe finalmente sfogato la sua rabbia su qualcuno. Hilda si offrì volontaria ed ogni giorno entrava nella camera insonorizzata e stava con questa paziente violenta lasciandosi graffiare e colpire fin quando non si stancava. Ogni giorno, però, prima di andare via guardava Tammy e, con il viso sanguinante, le diceva "cara, ti voglio bene, ti voglio bene." L'amore sacrificale cominciò ad ottenere le prime vittorie dopo due settimane e le speranze di guarigione di Tammy crebbero notevolmente.

Lo Spirito santificatore viene a produrre in noi una totale somiglianza a Cristo, cioè, un amore estremo, un'umiltà senza limiti, un'assoluta capacità di perdonare, un altruismo perfetto ed un amore sacrificale perfetto. Hai il coraggio di invitarLo nel tuo cuore nella Sua pienezza? Come inizieresti la tua preghiera?

6

Santificazione e perfezione

Perfezione è un termine usato in tante occasioni diverse. Quando è adoperato in senso religioso procura immediatamente una forma di nevrosi. In effetti, il nervosismo è giustificato se gli si dà il significato di "senza macchia" o "perfezione assoluta" o "che non necessita di altro progresso." Ma è questo il modo in cui è usato nella Scrittura? Consideriamo alcune evidenze bibliche.

La prima volta che il termine appare nelle nostre Bibbie è in Genesi 6:9 dove Noè è descritto come *"uomo giusto, integro ai sui tempi."* Tutte le traduzioni moderne evitano il termine "perfetto" in favore di "integro." Noteremo questo aspetto tra breve; subito, invece notiamo la significativa spiegazione del termine perfezione nelle parole *"ai suoi tempi."* Sembra implicitamente affermare che è una perfezione relativa ascritta a Noè, relativa alla conoscenza ed alla luce che egli possedeva a quel tempo. Non è presente alcun accenno ad una forma di "completezza" o "assolutezza".

Il secondo uso del termine lo troviamo in Genesi 17:1 dove il Signore apparve ad Abramo dicendogli: *"Io sono l'Iddio onnipotente; cammina alla mia presenza e sii integro."* Come nel primo caso, la maggior parte delle traduzioni inglesi (ed italiane, n.d.t.) adopera il termine "integro." Il motivo è che, nella traduzione dei Settanta (versione greca dell'Antico Testamento) il termine ebraico *tamin* è tradotto con la parola "integro." In questo modo si provava ad alleviare la gravosità del termine "perfetto," alterandone, però, il significato e rendendo la traduzione inaccettabile.

Che cosa significa il termine *tamin?* Studiosi di fama affermano che si riferisce ad una perfetta relazione con Dio. Non significa necessariamente perfezione morale come di colui che vive senza commettere errori, ma significa "consacrazione completa, incondizionata." Lo stesso termine è usato in Deuteronomio 20:5 con riferimento alle relazioni tra gli uomini col senso di "senza motivi ulteriori, senza riserve.[8] Comprende, inoltre, il significato di "disponibilità " e "interezza " esprimendo una relazione "perfetta " con Dio.

In conclusione, esortando i "cittadini del regno dei cieli" a mostrare un amore disinteressato come Dio, Gesù afferma: "Siate perfetti, com'è perfetto il Padre vostro celeste" (Matteo 5:48).

Questa promessa/comando disturba molte persone. Forse il modo più semplice per comprenderla è dire che proprio come Dio agisce da Dio, i Suoi discepoli devono vivere da discepoli. "Perfetto' 'è in relazione all'agire secondo la situazione e la finalità. Un cristiano perfetto non è un Dio perfetto ma è soggetto a tutte le limitazioni e le difficoltà della finitezza umana, inclusi gli errori e le incomprensioni. Per questa ragione J. Wesley insisteva che si dovrebbe dire perfezione "cristiana"- una specificazione significativa.

Uno dei passi più importanti per meglio comprendere il concetto di perfezione lo troviamo in Filippesi 3:12-15. In questi quattro versi Paolo nega e invoca la perfezione. Nel v. 12

nega che egli sia "già perfetto" ma dichiara la sua intenzione a *"proseguire il corso, afferrare il premio, poiché anch'io sono stato afferrato da Cristo."* Qual è la perfezione che l'apostolo cerca con tutte le sue forze? Sembra essere la conformità a Cristo, una mèta da raggiungere come ideale desiderato. Ciò che affascina della "perfezione" (tradotta, spesso con 'maturità') che egli desidera è il raggiungimento di quella perfezione che nega di possedere già. È, questa, un'intuizione brillante. La perfezione non è una conquista ma una continua ricerca; non è qualcosa di statico ma di dinamico ed è per questo motivo che Wesley negava una qualsiasi forma di "perfezione per gradi" come la chiamava, cioè, una che disconosce una crescita continua.

Un ultimo riferimento biblico lo possiamo trovare nell'epistola agli Ebrei, dove il termine perfezione è la parola chiave. Viene qui usata con lo stesso significato dinamico che caratterizza gli altri usi già esaminati. In effetti, è alquanto stupefacente udire l'autore parlare di Gesù come di Colui che è reso perfetto tramite la sofferenza e l'ubbidienza (2:10; 5:9; 7:28). Eppure, questa è una delle più importanti indicazioni per comprendere il suo significato. Il termine è adoperato in riferimento al tabernacolo eterno (9:11) ed al sacrificio personale di Gesù che perfeziona coloro che sono "resi perfetti" (10:14; 12:23).

Questi riferimenti ci fanno comprendere abbastanza chiaramente come l'autore della lettera stia usando il termine perfezione in modo funzionale, come abbiamo già suggerito, trattando del comando di Gesù di "essere perfetti." Il perfezionamento di Gesù è posto in relazione al compimento della sua missione per cui, come Figlio, Dio lo mandò nel mondo. Questa missione richiedeva ubbidienza perfetta alla volontà del

Padre e poteva essere compiuta soltanto mediante la Sua sofferenza sulla Croce.

Analogamente, il perfezionamento (o la perfezione) dei credenti include la realizzazione del compito per cui Dio li ha chiamati nel Suo Regno. Non intende una condizione definita o finalizzata all'assenza di sbagli ma qualcosa ancor più dinamico e realistico. Dobbiamo sempre temere l'immobilismo risultante dalla presunzione di essere perfetti in qualsiasi altro senso.

La domanda centrale è, allora, "questo tipo di perfezione e possibile all'uomo in questa vita?" È proprio questo il cosiddetto "ottimismo" wesleyano della rivelazione biblica, e, seguendolo, crediamo che la risposta sia positiva. Egli basava la sua fiducia sulla possibilità della Grazia, ponendola su quattro pietre miliari:

1. La prima è la promessa della perfezione nella Scrittura, o la promessa della totale liberazione dal peccato. Molti esempi possono essere citati sia nell'Antico che nel Nuovo Testamento. Wesley include tra i suoi riferimenti Deuteronomio 30:6; Salmi 130:8; Ezechiele 36:25, 29; Romani 8:3-4; 2 Corinzi 7:1; Efesini 5:25-27; 1 Giovanni 3:8. In aggiunta, vi sono delle preghiere per la perfezione, quali la petizione nel Padre Nostro, "liberaci dal male." Se Wesley avesse conosciuto il contesto giudaico di questa preghiera, avrebbe trovato più sostegno di quanto immaginava. Da supporto a questa petizione, all'interno del Talmud giudaico, vi è, infatti, un' esplicita preghiera di liberazione dal peccato inteso come principio vitale del cuore umano. In sintesi, non è tanto una preghiera per la liberazione dal male esteriore quanto una preghiera per la santità interiore. Wesley include anche tra le preghiere Giovanni 17:20-23; Efesini 3:14 e 1 Tessalonicesi 5:23.

Vi sono, inoltre, degli ordini, nella Scrittura con la stessa finalità, come in Matteo 4:48 e 22:37 insieme a molti altri esempi rintracciabili nella Bibbia. Oltre a quelli già menzionati nella prima parte di questa sezione, si potrebbe menzionare (e Wesley lo fa) Giovanni con riferimento a 1 Giovanni 4:17. Il ragionamento alla base di questi argomenti è semplice e chiaro. I quattro principi basilari sono vere e proprie promesse. Preghiera, ordini, ed esempi compongono ciò che Wesley avrebbe chiamato "promesse celate" o, noi potremmo dire, "promesse implicite." Si presume che ciò che il Signore ispira nella preghiera Egli lo dia; ed il fatto che determinate persone abbiano provato la piena salvezza è una promessa implicita per tutti. Il fondamento è, perciò, la fedeltà di Dio a mantenere la Sua parola; questo è il motivo per cui Wesley trasse molto dalla definizione di fede di Ebrei 11:1 - "Or la fede è certezza di cose che si sperano, dimostrazione di cose che non si vedono." Egli era certo di ciò che Dio offriva (prometteva) da agire, persino, come se la cosa si fosse già realizzata. Si poteva, quasi, "portarla in banca." Il suo "ottimismo della grazia" era, quindi, basato sulla fiducia nella divina fedeltà e potenza, e non sulla capacità umana.

In aggiunta a questi quattro fondamenti, Wesley dava enfasi a quelle scritture che parlavano della salvezza presente. Egli si riferiva a Tito 2:11-14 e Luca 1:69. Si potevano citare altre numerosi passi per rafforzare l'idea che la provvidenza di Dio è per la salvezza presente dal peccato e non semplicemente per la liberazione futura o dopo la morte. Si potrebbe andare oltre e suggerire un'ulteriore base di fiducia nella possibilità della salvezza presente: l'espiazione di Cristo Gesù. Il Nuovo Testamento chiaramente afferma che per la croce e la risurrezione Gesù trionfò sul male, sul peccato e sul diavolo. Egli, così, rup-

63

pe la loro potenza all'interno della nostra storia, nel qui ed ora. Essendo la Sua vittoria mediante la morte e risurrezione cosi decisiva, è ragionevole pensare che la "potenza della risurrezione" (Filippesi 3.10) operante nel mondo può conquistare il peccato nella vita umana.

Il poeta ben esprime tutto ciò:

> *"Il mio peccato, non in parte,*
> *ma tutto, alla croce è inchiodato*
> *ed io non lo porto più.*
> *Loda il Signor, loda il Signor, o anima mia.*

—H.G. Spafford

ESERCIZI DI FORMAZIONE SPIRITUALE

Chiariamo i concetti

1. Definisci la perfezione cristiana nel modo in cui è descritta in questo capitolo. Sii breve ed usa non più di due frasi.

2. Esamina e valuta il fondamento scritturale della perfezione come si trova nelle promesse, nelle preghiere, negli ordini ed esempi della Bibbia.

3. Studia Filippesi 3:12-15.

4. Poiché il termine perfezione significa tante cose diverse, forse non dovremmo più usarlo. Se credi che questa sia una buona idea, quale termine suggeriresti come suo sostituto?

5. Rispondi alle seguenti affermazioni riportando esempi di vita reale, osservazioni ed esperienze personali per chiarire l'argomento quando è possibile.

A. La perfezione è più una ricerca che una conquista.
B. La frase nel *Padre Nostro* "liberaci dal male," nella sua forma originale talmudica, era una preghiera di liberazione dal principio peccaminoso nel cuore umano.
C. La perfezione cristiana riguarda più la fedeltà divina che la capacità umana.
D. La crocifissione e la risurrezione di Gesù significano la vittoria sul potere del peccato e della morte, qui ed ora.

Sensazioni ed attitudini

Scrivi una lettera all'autore di questo libro con la quale esprimi, esattamente quali sentimenti ed emozioni questo capitolo ha suscitato in te. Sii specifico. Non nascondere niente.

Sei rimasto sorpreso per i forti sentimenti suscitati in te da questo capitolo?

Applicazione vitale

1. Una persona che io conosco è un buon esempio di perfezione cristiana ed è: _____

2. Le qualità cristiane più evidenti in questa persona sono

_____

3. I tratti personali che io maggiormente ammiro in questa persona sono: _____

4. La differenza maggiore tra me e questo esempio di perfezione cristiana è: _____

5. Se chiedessi a questa persona di trascorrere un po' di tempo con te per parlare di cose spirituali, come pensi che risponderebbe?

7

Santificazione, amore e peccato

La santificazione ha un lato positivo ed uno negativo. Quello negativo intende la liberazione dal peccato interiore; quello positivo è, generalmente, indicato dal termine "amore" mentre l'intera santificazione è "amore perfetto." In questa sezione vogliamo studiare meglio il concetto di santità come amore.[9]

Fin dall'inizio la riflessione cristiana ha interpretato la santità, nell'esperienza umana, nei termini di amore. Quando John Wesley parlava di amore quale somma espressione della santificazione cristiana[10] si accordava pienamente con il nucleo centrale dell'insegnamento classico cristiano sul tema. Parlare di santità come "amore" ci da modo di rispondere adeguatamente a molte domande poste da coloro che cercano la verità. Esaminiamone alcune suggerendone le risposte.

Quando inizia la santificazione? Se equivale all'amore inizia con la prima risposta alla Grazia nel cuore umano. Come disse John Wesley, "dal momento in cui siamo giustificati, fino a quando rendiamo il nostro spirito a Dio, l'amore è il compimento della legge; di tutta la legge evangelica, che ebbe inizio con quella adamica, quando fu fatta la prima promessa della "progenie della donna." L'amore...è un tipo di santità che si ritrova, in vari gradi, nei credenti distinti, da San Giovanni, in "fanciulli, giovani e padri."[11]

In questo caso, qual è la differenza tra l'esperienza di coloro che sono stati interamente santificati e quelli che non lo sono? La differenza è che in questi ultimi, l'amore è frammisto all'egoismo, all'amore per il mondo e le sue cose e non soltanto per Dio. In chi è interamente santificato, l'amore è puro ed, infatti, si potrebbe dire che la santificazione è "amore che espelle il peccato." Il peccato che permane nel credente non ancora santificato è, allora, amore difettoso, manchevole, amore non ancora perfetto cioè, non pienamente concentrato sul proprio obiettivo. Come si dovrebbe, allora, definire l'intera santificazione? Alla luce della nostra trattazione, possiamo affermare che l'intera santificazione è "amare Dio con tutto il cuore, l'anima, la mente e la forza ed il prossimo come se stessi."

Questa verità è affermata, semplicemente, da Wesley nel contesto di un altro tema importante. Alla domanda "come possiamo evitare di elevare o abbassare troppo la perfezione?" egli risponde così: "Attenendosi alla Bibbia e considerandola tanto importante quanto la stessa Scrittura la considera. Non è né più né meno importante dell'amore puro di Dio per l'uomo; l'amare Dio con tutto il cuore e l'anima ed il prossimo come se stessi. È amore che governa il cuore e la vita e s'infiltra tra le nostre parole, azioni e stati d'animo."[12]

Wesley, infatti, insisteva dicendo che l'amore è il grande fine dell'opera salvifica di Dio nella vita umana. La fede è il mezzo mediante cui siamo riammessi al favore di Dio, ma *il fine della fede è l'amore.* Non ci meraviglia che egli abbia usato la frase di Paolo in Galati 5:6 "fede operante nell'amore," per descrivere la natura della vita cristiana. "La fede" egli diceva "è il grande mezzo per restaurare quel santo amore per cui l'uomo fu originariamente creato."[13]

Cosa significa, allora, amare Dio con tutto il cuore, l'anima, la mente e la forza? Ancora una volta, la risposta di Wesley è illuminante e utile: "Cosa significa amare Dio? Non significa amare qualcosa della quale abitualmente gioiamo? Non è, allora, la dimostrazione di entrambe queste ingiunzioni, il fatto che gioiamo del Creatore più che delle Sue creature; che ci rallegriamo maggiormente in Lui che in qualsiasi altra cosa da Lui fatta e la nostra gioia più grande è quella di servirlo."[14]

Queste parole confermano come Wesley considerasse sempre la trilogia paolina "l'evidenza della santificazione": "Rallegratevi sempre, pregate intensamente e in ogni cosa siate riconoscenti". Quando presenti, queste qualità indicano grande gioia alla presenza di Dio. Certamente è questa una grande evidenza dell'amore per Dio.

L'aspetto negativo di questa verità è che l'amore del mondo creato o qualsiasi suo aspetto è sempre subordinato all'amore di Dio. Iniziando da Agostino, molti hanno detto, "Dobbiamo amare Dio ed usare le cose ed, invece, tendiamo ad amare le cose ed usare Dio!" È un problema di priorità.

Nel suo trattato The Character of a Methodist, coloro che sono stati perfezionati nell'amore, sono descritti da Wesley in questi termini: "Dio è la gioia del loro cuore ed il desiderio dell'anima, tanto che continuamente gridano chi ho nel cielo se non Te? E non vi è nessun altro sulla terra che io desideri più di Te! Mio Dio e mio tutto! Tu sei la forza del mio cuore e la mia parte per sempre!"[15]

Amare Dio significa, però, ubbidienza alla Sua volontà: Come disse Gesù, "Se voi mi amate osserverete i miei comandamenti" (Giovanni 14:15). È questo il rovescio della medaglia della verità che considera l'essenza del peccato come il voler seguire la propria via senza riguardo alcuno per la volontà di Dio. Sembra importante notare, a questo punto, il significato della distinzione tra l'attitudine di ubbidienza e la specifica conoscenza di ciò che l'ubbidienza comprende. L'ubbidienza non può essere considerata in termini astratti ma deve essere espressa in termini concreti specifici, e non possiamo, con certezza, valutare quale sia il contenuto di quest' ubbidienza per gli altri ma soltanto per noi stessi. È vero che esistono precisi ordini biblici ma anche questi devono essere conosciuti perché siano ubbiditi. Ecco perché è necessario sottolineare come l'ubbidienza sia un'attitudine e non dovrebbe essere confusa con un comportamento particolare, almeno per gli altri. Il secondo comandamento parla di amore perfetto ed è considerato definitivo dal pensiero wesleyano. Si deve aggiungere che l'amore per il prossimo è il frutto dell'amore per Dio. Cosa significa amare il prossimo come se stessi? Credo che per comprenderlo bisogna scoprire la natura dell'amore che fa parte del secondo comandamento. La maggior parte dei lettori, in questo caso, riconosceranno il termine agape che è specifico del Nuovo Testamento. Contrariamente all'interpretazione popolare, agape intende un amore che non è prettamente emotivo. Potrebbe essere definito come "preoccupazione per gli altri o volontà di ricercare il benessere dell'oggetto amato." Wesley lo definiva "benevolenza universale, amore tenero, disinteressato, sincero per tutta l'umanità."[16]

Soltanto in questo modo si può comandare l'amore, poiché persino Dio non può, ragionevolmente, imporre un'emozione. Compreso in questi termini, si può amare anche chi non piace. Si possono amare nemici come amici desiderosi di vedere il loro benessere. Questa qualità dell'agape ci permette di comprendere meglio la possibile implicazione del secondo comandamento riguardante un amore legittimo di se stessi, "ama il tuo prossimo come te stesso." Probabilmente questo significa che dobbiamo ricercare il benessere altrui come se fosse il nostro. Dobbiamo ammettere la difficoltà di un'esatta spiegazione del come ciò possa avvenire ed infatti, nel corso dei secoli, le opinioni, nell'ambito del cristianesimo, sono state contrastanti. Tuttavia, poiché seguiamo l'insegnamento di Wesley, dovremmo considerare alcune sue osservazioni riguardanti l'amor proprio. Egli afferma che l'amor proprio non è un "peccato" ma "un dovere indiscutibile."[17] Ogni persona ha il dovere di amare se stessa nello stesso modo in cui deve amare Dio ed il prossimo; e come un amore smodato e sregolato per se stessi è espressione di peccato, possiamo affermare che un amor proprio adeguato è un amore ordinato.[18]

Praticamente, Wesley rispondeva ad una domanda che sorge inevitabilmente quando si considera un possibile conflitto tra l'amor proprio e l'amore per gli altri. In che modo si devono usare le proprie risorse? Nella sua trattazione sul modo cristiano di amministrare i beni, nel sermone "The Use of Money"(L'uso del denaro), egli dice:

"Le direttive divine, riguardanti l'uso delle nostre sostanze materiali, possono essere raccolte nelle seguenti disposizioni. Se desideri essere un fedele e saggio amministratore di quella porzione dei beni del tuo Signore che Egli ha disposto di affidarti, ma con il diritto di richiedertela quando la desidera, per prima cosa, provvedi alla cose che ti sono necessarie; cibo, vestiti e tutto ciò che la natura con modestia richiede per avere un corpo forte ed in salute. In secondo luogo, provvedi queste medesime cose per tua moglie, i tuoi figli, i tuoi servi, e per tutti

coloro che abitano con te. Se, quando ciò è avvenuto, vi è un residuo, fai del bene a coloro che sono della famiglia della fede. Se rimane ancora qualcosa, secondo le opportunità, fai del bene a tutti gli uomini. Così facendo, darai tutto quello che puoi, o meglio, tutto quello che hai: poiché tutto quello che è donato in questo modo è offerto a Dio. Tu rendi a Dio ciò che Gli appartiene, non soltanto dando ai poveri ma anche comprando quelle cose che sono necessarie per te e la tua famiglia."[19]

La distinzione che Wesley propone in queste istruzioni è fondata su un giusto equilibrio tra un amor proprio ben ordinato ed uno disordinato. Questa distinzione non può essere disciplinata né in modo legale, né con norme specifiche. È compresa spiritualmente da colui che ne rimane coinvolto e non da un osservatore esterno. Ecco un' ovvia ragione per cui Wesley, insistentemente, affermava che senza un dono speciale di discernimento, non possiamo giudicare dall'esterno se un'altra persona è "perfetta nell'amore."

Wesley, come il Nuovo Testamento, riconosceva la legittimità di vari gradi dell'amore in rapporto ai vari gruppi. Tutto ciò è stato illustrato con una serie di cerchi concentrici. Il cerchio più esterno si riferisce all'umanità in genere, inclusi i nemici e gli stranieri dei quali non sappiamo nulla. Il secondo cerchio più piccolo include coloro che fanno parte della comunità cristiana mondiale, tutti coloro che amano Dio. Il cerchio ancora più interno include coloro che appartengono alla stessa comunità e che, insieme, condividono i mezzi di Grazia. W. M. Greathouse aggiungerebbe a questi un cerchio ancora più centrale definito dalla famiglia, in cui troviamo "il nostro prossimo più vicino." La differenza è, in questo caso, una differenza di grado dell'amore. Si potrebbe anche aggiungere che vi è una misura crescente di quel tipo di amore che include calore ed amicizia quando ci si sposta verso il cerchio più interno.

Abbiamo considerato il lato positivo della santificazione, il rinnovamento dell'amore. Ora dobbiamo volgerci a quello negativo, alla rimozione del peccato. Per farlo in modo adeguato, dobbiamo considerare il tema della natura del peccato. Il primo punto da considerare è che il peccato nella Bibbia come nella teologia cristiana, presenta una doppia natura. Detto semplicemente, si riferisce *a ciò che facciamo ed a ciò che siamo.* Ebbene, se Dio intende trattare il peccato nella vita umana in modo adeguato, deve rispondere ad entrambe le problematiche. L'essenza del peccato è l'amore posto su di un centro errato.[20] Le persone umane sono state create per amare Dio, e l'elevazione di qualcosa di inferiore a Dio al posto di preminenza nella loro vita perverte il progetto divino . Così, quando Adamo ed Eva tentarono di divenire "Dio a se stessi," si macchiarono della colpa di idolatria poiché, dovendo essere il proprio "io" a governare, idolatrarono il proprio "io." In breve, possiamo identificare l'essenza del peccato come egocentrismo o autodominio. Da inconvertite, le persone vivono sottoposte al motivo dominante della propria volontà. Ciò è quanto Paolo intende con il "vivere secondo la carne" (Romani 8:5, 12) ed a cui si riferisce in Romani 6.13: "Non prestate le vostre membra come strumenti d'iniquità al peccato," e v. 19 "come già prestaste le vostre membra a servizio dell'impurità e dell'iniquità per commettere l'iniquità." Questo concetto è chiaramente espresso in Efesini 2:3 dove l'autore descrive la condizione delle persone lontane da Cristo.[21]

Nell'esperienza della nuova nascita, Dio "spezza la potenza del peccato cancellato e libera il prigioniero," ma l'essenza del peccato permane. Ciò significa che il credente non vive più per questa forma di autodominio, ma ben presto scopre che la tendenza in questa direzione è sopravvissuta all'iniziale opera di Grazia. Vi sono attitudini e disposizioni contrarie alla mente che era in Cristo che, se accolte, produrrebbero un comportamento non cristiano. Nell'esperienza di molti vi è una lotta continua tra "carne" (esistenza centrata su se stessi) e lo Spirito in noi che desidera gelosamente un amore indiviso (Giacomo 4:5). L'autore della frase dell'inno seguente ha colto bene questa esperienza della "mente divisa" nelle parole, "Signore, mi sento incline ad errare, incline a lasciare l'Iddio che amo." "Il motivo", però, "per cui il Figlio di Dio apparve fu quello di distruggere le opere del diavolo" (1 Giovanni 3:8) ed il rimedio dell'Espiazione include non soltanto la soluzione per gli atti di peccato ma anche la guarigione dall'amore perverso che tutti noi proviamo a motivo del nostro essere "in Adamo."

ESERCIZI DI FORMAZIONE SPIRITUALE

Chiariamo i concetti Esamina, definisci, spiega e valuta queste frasi chiave del capitolo 7:

1. amore– il lato positivo della santificazione
2. rimozione del peccato– il lato negativo della santificazione
3. amore puro– il segno distintivo del santificato
4. amore che espelle il peccato
5. ama Dio usa le cose
6. ubbidienza come "altra faccia"
7. amor proprio ordinato
8. agape quale amore per il prossimo

9. amore bloccato su di un centro sbagliato
10. "incline ad errare, mi sento o Signore"

Approfondiamo i valori

L'essenza dell'intera santificazione è amare Dio sopra tutto e tutti. In breve, significa amare Dio con tutto il cuore, l'anima, la mente e le forze. Certamente questo sarebbe un valore fondamentale per il credente. Ma è un valore o qualcosa di meno? Secondo gli studiosi del ramo, un valore è qualcosa che (1) una persona fa continuamente, (2) è apprezzato e custodito, (3) è scelto fra tante alternative, (4) una persona afferma pubblicamente, (5) influenza le decisioni ed il comportamento della persona in esame. Per capire se l'amore supremo per Dio sia, per te, un valore o qualcosa di meno, rispondi a queste domande:

1. Affermi e dimostri ripetutamente che amare Dio è il valore supremo per te? __Si __No
2. L'amore per Dio è qualcosa che tu scegli liberamente e custodisci? __Si __No
3. Hai deciso di amare Dio liberamente e tra diverse alternative? __Si __No
4. Affermi allegramente e pubblicamente il tuo amore per Dio persino quando la gente potrebbe rifiutarti o perseguitarti? __Si __No
5. Il tuo amore per Dio controlla le tue decisioni ed il tuo comportamento? __Si __No

Applicazioni vitali

1. Ama il tuo prossimo come te stesso.

La seconda dimensione dell'amore santificato è l'amore per il prossimo. Il cristianesimo ha sempre insegnato che dobbiamo amare gli altri quanto noi stessi. Pensate al consiglio di John Wesley sull'amore per il prossimo:

> *"Ama il tuo prossimo... Devi abbracciarlo con la più tenera buona volontà, l'affetto più cordiale e sincero, il desiderio più forte di prevenire o rimuovere ogni peccato e di procurargli ogni possibile bene. 'Il tuo prossimo cioè non soltanto il tuo amico, il tuo parente...non soltanto il virtuoso, l'amichevole, ma ogni... creatura umana, ogni anima che Dio ha creato; senza escludere...colui che tu conosci come cattivo e ingrato, colui che...ti perseguita: e proprio questa persona che devi amare come te stessa; con lo stesso invariato desiderio di vedere la sua felicità... la stessa instancabile cura nel proteggerlo da ciò che lo potrebbe far soffrire facendo del male alla sua anima ed al suo corpo* (The Way to the Kingdom). "

2. Forse vorrai imparare a memoria e ripetere queste preghiere estratte dal giornale di preghiera scritto personalmente da John Wesley:

> *"Fa che io possa considerare i difetti del mio prossimo come se fossero i miei... Dio onnipotente... insegnami ad avere compassione delle debolezze e fragilità dei miei fratelli; a vedere il bene nelle loro azioni; ad interpretare ogni dubbio a loro vantaggio sopportando, pazientemente, le loro infermità."*

3. Un amor proprio equilibrato è un dovere cristiano.

In questo capitolo ci viene insegnato che l'amor proprio non è "un peccato" ma "un dovere indispensabile." È, questa, una buona notizia per tutti coloro che hanno ricevuto l'insegnamento che la vera sottomissione a Dio richiede il disprezzo di se stessi.

Rifletti: La tua dignità è continuamente affermata nella Bibbia. Tu sei l'oggetto dell'amore divino; Dio ti ama incondizionatamente. Con quale diritto potresti odiare ciò che Dio ama?

PARTE III

La santificazione nella vita e nell'esperienza religiosa

8

Santificazione ed esperienza

C'è differenza tra creare una dottrina, e viverla personalmente. È importante provare a comprendere in che modo l'insegnamento biblico sulla santificazione si applichi alla vita quotidiana. Forse, il primo passo è quello di studiare quanto la Bibbia ci dice nei riguardi dell'esperienza. Tuttavia, prima di poterlo fare, dobbiamo provare a definire il significato del termine "esperienza." In questo trattato per "esperienza" intenderemo il modo in cui la grazia santificante opera nella vita umana, il modo in cui è attualizzata in noi, quotidianamente, nella nostra esistenza terrena. La prima domanda, allora, da dover porre è: "C'è forse uno schema particolare, rivelato, di quest'azione divina?"

È importante riconoscere come la Bibbia non dia una risposta univoca a questa domanda. Possiamo trovare degli accenni riguardanti il nostro ruolo in tale processo, ma niente ci suggerisce una "formula" tale da divenire un rito. Il motivo principale è che la santificazione è un'opera di Dio, ed Egli non può essere compreso, a forza, in uno schema; un altro motivo è l'irriducibile varietà di esperienze religiose. È vero che alcune guide spirituali hanno suggerito dei "passi verso la santificazione" tentando di descrivere il modo in cui Dio opera, ma questo crea il pericolo di una clonazione dell'esperienza personale impedendo di riconoscere la sovranità di Dio o l'influenza di altre forze nella definizione di un'esperienza. Inoltre, la Bibbia non descrive in modo schematico un presunto agire, invariabile, di Dio nella vita umana. Essa traccia, in modo generico, lo stato dell'umanità nel peccato ed espone il fine del processo salvifico di Dio ma non specifica la via da percorrere per giungervi.

John Wesley ha ben trattato questo aspetto della santificazione. Riconoscendo come la Bibbia, in questo caso, sia silente, egli ha provato ad esaminare le esperienze di coloro che testimoniavano di aver vissuto l'esperienza dell'intera santificazione. In questo modo è giunto alla definizione del modo in cui normalmente, Dio agisce *ma non del come Egli deve agire.* Cosa scoprì mediante questo metodo induttivo? Comprese che la santificazione è un processo illimitato che include un momento istantaneo in cui una persona è perfezionata nell'amore, occasione che definì "intera santificazione" o "perfezione cristiana" o "piena salvezza." Questo momento accade quando Egli abbrevia i tempi della Sua opera di giustificazione attiva nel credente liberandolo da ogni peccato. Scoprì pure, per esperienza, quanto era esplicitamente presente nell'intera struttura neotestamentaria: nessuno aveva provato la piena libertà dal peccato interiore al momento della salvezza iniziale. Normalmente, (pur se inizialmente questa verità non appare tanto evidente, a motivo della gioia e della vittoria della conversione) ci si accorge, dopo un po', del peccato che permane (egocentrismo). Non è difficile provare l'illimitatezza temporale del processo poiché, in greco, i riferimenti neotestamentari alla vita cristiana sono, solitamente, nel presente progressivo. Wesley lo interpretò come restaurazione graduale dell'immagine di Dio che inizia alla nuova nascita e continua fino alla morte ed oltre.

A motivo dell'ovvietà di questo insegnamento della Scrittura, l'aspetto progressivo della santificazione è stato riconosciuto da quasi tutti gli insegnanti cristiani. L'aspetto specifico che Wesley riscoprì nell'esperienza di molti, fu la possibilità della liberazione da ogni peccato in questa vita ed il fatto che questa forma di emancipazione avviene in un momento ben definito. Egli fondò la sua convinzione dell'istantaneità dell'intera santificazione su almeno, quattro concetti:

1. È una risposta alla fede

Dapprima egli credeva che questo stadio della Grazia fosse raggiunto tardi nella vita dopo un lungo processo di maturazione spirituale. Tuttavia, ben presto comprese che poiché è per fede non c'è alcun motivo per non giungere a questa "benedizione" al più presto nel proprio cammino spirituale. Naturalmente, si rimise sempre alla sovranità di Dio negando che alcuno dovesse mai sentire un senso di colpa nel caso in cui Dio non avesse scelto di porre in effetto la grande trasformazione.

2. Esperienza

Dopo aver esaminato accuratamente le testimonianze di numerose persone, egli concluse che tutti avevano sperimentato questa grande trasformazione in un istante. Certamente, questo momento era stato preceduto e seguito da una santificazione graduale o crescita in Grazia, ma la reale liberazione dal peccato interiore era stata istantanea.

3. Logica

Tracciando un'analogia con l'approccio graduale alla morte, egli dimostrò come vi sia un momento logico in cui avviene l'intera santificazione. La sua descrizione di questo modo di pensare è chiara:

> *"Si può morire per qualche tempo tuttavia non si è propriamente morti se non quando l'anima si separa dal corpo. In quell'istante si vive per l'eternità. Similmente, si può morire al peccato per un certo tempo ma non si è completamente morti ad esso se non quando il peccato si separa dall'anima e, in quell'istante si vive una vita piena di amore. Inoltre, come il cambiamento a cui il corpo è sottoposto quando muore è di tipo tanto particolare e molto più grande di quanto mai si è, fino ad allora, conosciuto e persino pensato, così è il cambiamento che si produce quando l'anima muore al peccato, sia per la sua particolare natura che per l'infinita grandezza, da essere persino impensabile fin quando non lo si prova personalmente. Tuttavia può ancora crescere in Grazia, nella conoscenza di Cristo, nell'amore ed immagine di Dio; e così farà, non soltanto fino alla morte, ma anche per l'eternità".[22]*

Ancora una volta notiamo come Wesley sottolinei la correlazione tra "processo e istantaneità," non permettendo che nessuno dei due aspetti sparisca dall'esperienza del credente. L'istante in cui avviene l'intera santificazione è un punto specifico in un processo che dura tutta la vita.

4. La natura del peccato

Come abbiamo già notato, Wesley riteneva che l'essenza del peccato fosse l'ostinato egocentrismo ritenuto la radice di ogni peccato. Ogni atto peccaminoso è frutto di questo "seme." Bisogna stare attenti a non lasciarsi confondere dalle metafore, "radice" e "seme", considerandole come un riferimento a un "qualcosa" che sta dentro una persona. Ciò che ostinatamente permane nel credente, pur senza regnare, è l'inclinazione universale dell'umanità decaduta a governarsi da sé, in modo autonomo. È alla luce di questa comprensione del peccato che le parole di Wesley hanno valore. Poiché sono molto precise e chiare, le citiamo direttamente:

> *"Possiamo indebolire giornalmente il nostro nemico, senza, purtroppo, allontanarlo e, nonostante tutta la Grazia ricevuta alla giustificazione, estirparlo definitivamente. Pur pregando e vegliando come mai prima, non possiamo pienamente purificare sia il cuore che le mani. Certamente non lo possiamo fin quando Dio non sceglie di parlare nuovamente ai nostri cuori, dicendo per la seconda volta sii puro; soltanto allora la lebbra è purificata. Soltanto allora la radice malvagia, la mente carnale, è distrutta ed il peccato interiore non sussiste più."* [23]

Wesley riuscì a mantenere in giusto equilibrio la progressività e l'istantaneità dell'esperienza, cioè quello che molti dei suoi figli spirituali non sono riusciti a fare. Se, però, intendiamo avere una dottrina vivibile, dobbiamo rispettare entrambi gli aspetti.

Ho partecipato ad una conferenza sul rinnovamento della chiesa nella tradizione di santità wesleyana. Una relazione presentata dal sovrintendente generale Lee M. Haines della Wesleyan Church, affermava:

> *"Dobbiamo rinnovare la nostra visione della santificazione quale 'pellegrinaggio ed evento', processo e relazione con una storia, crescita salutare e sanante, ricerca e dono. Non dobbiamo ridurre la santificazione ad un singolo momento. Non dobbiamo neanche dimenticare l'importanza di tale momento di consacrazione, da parte nostra, e il raggiungimento di una condizione di interezza, operata da Dio, permettendo che tutto questo sia eroso nella verità parziale dello sviluppo graduale. È stato estremamente faticoso per i seguaci di Wesley mantenere la sintesi di evento e processo. Il pendolo, ancora oggi, oscilla ampiamente da un estremo all'altro. Se, però, il movimento di rinnovamento deve essere "innovato", dobbiamo onestamente affrontare il paradosso di un 'istante' ed 'una vita intera', come aspetti entrambi necessari per poter essere santi come egli è santo."*

Se tracciamo un diagramma della vita cristiana, corriamo il rischio di creare uno stereotipo contro cui abbiamo già parlato. Tuttavia, pur con tutti i suoi limiti, uno schema può aiutarci a meglio comprendere il normale progresso in grazia della vita umana.

Il vescovo Leslie R. Marston della Free Methodist Church, in una conferenza sulla teologia wesleyana, ha definito la predicazione con cui era cresciuto nella chiesa, come espressione di una "struttura a piani." Riflettendo sulle mie prime esperienze di predicazione di santità, ho notato che, generalmente, seguivo lo stesso schema. Il vescovo Marston ha così diagrammato il tutto:

A. La "struttura a piani" è un'errata presentazione della normale esperienza e crescita cristiana non condivisa né da Wesley né da Roberts. Il diagramma rappresenta la tendenza statica che segue all'enfasi sulla crisi che minimizza il progresso spirituale precedente e susseguente. La linea frastagliata discendente del primo piano descrive il comune declino spirituale che molti considerano normale nel credente non santificato contrariamente agli insegnamenti sia di Wesley che di Roberts.

Stato di Glorificazione

Stato del Giustificato   Stato del Santificato ● Crisi: Morte
                                                          al Peccato

Vita di Peccato ● Crisi/Nuova Nascita   ● Crisi/Intera Santificazione

Ha, in seguito, affrontato il tema della concezione della vita cristiana secondo gli scritti di Benjamin T. Roberts (fondatore della Free Methodist Church). Ho seguito la sua presentazione alla conferenza con grande entusiasmo poiché coincideva con la mia posizione frutto di un studio intenso dell'insegnamento di J. Wesley, tanto che avevo adoperato lo stesso diagramma nelle mie classi. La posizione attuale del vescovo Marston poteva essere così rappresentata:

B. La "struttura dinamica" dell'esperienza e crescita cristiana è prevalente nell'insegnamento sia di Wesley che di Roberts, con l'enfasi posta sul progresso tra le crisi. Roberts, tuttavia, considerava la perfezione cristiana come il progresso normale di ogni cristiano veramente ubbidiente e credente, mentre Wesley identificava la perfezione cristiana con l'intera santificazione.

Di Cristo

Alla Pienezza

Crisi: Morte
al Peccato

Progresso in Maturità

Progresso in Santità

Crisi/Intera Santificazione

Vita di Peccato

Progresso

Crisi/Nuova Nascita

Nota. In entrambi i diagrammi il simbolo a spirale intende indicare le variazioni di direzione di crescita conseguenti all'opera inferiore della grazia divina.

Questi schemi fanno parte dell'articolo "The Crisis-Process Issue in Wesleyan Thought", presentato alla Wesleyan Theological Society dell'Olivet Nazarene College, 2 Novembre 1968, da Leslie R. Marston.

Quest'ultima interpretazione della vita cristiana è ancor più vera e fedele all'immagine biblica della prima; ed è ancor più attraente perché accomuna la santificazione progressiva a quella istantanea rendendole compatibili al nostro modo di vivere. Il modo in cui ci appropriamo dell'esperienza, da noi definita, di intera santificazione dipende da fattori diversi: personalità, ambiente, cultura, condizione socio-economica, ed altri ancora. In alcuni casi, questo momento è segnato da una lotta drammatica a cui segue una resa a quella, che essi considerano, la volontà di Dio. Nel loro caso è una vera e propria crisi. Per altri, è un'esperienza cosi serena da non essere facilmente notata al suo passaggio perché si vive continuamente nella sincera ricerca della pienezza di Dio. La differenza formale dell'esperienza non mette in dubbio la sua realtà.

Il Dr. Daniel Steele, tra i primi studiosi nel movimento di santità e professore alla Boston University, riconosceva questa verità dando dei saggi consigli a chi dalla classe passava al pulpito di una chiesa: "Impariamo dai libri e dalle lezioni di professori di teologia che sia la rigenerazione che l'intera santificazione sono due stati di Grazia nettamente definiti, nei quali si entra istantaneamente dopo specifici passi ed ai quali conseguono dei risultati visibili. Il giovane predicatore, però, si avvede ben presto di come, nella sua chiesa, vi siano membri di eminente spiritualità le cui esperienze non si accordano con queste sopra citate definizioni. Non hanno provato crisi memorabili e drammatiche, non hanno, perciò, anniversari spirituali. Il giovane pastore si trova nell'imbarazzo. Ed allora, se è saggio, capirà che questi libri descrivono le esperienze tipiche alle quali lo Spirito Santo non è limitato, e che non si deve assolutamente sottovalutare un metodo atipico di giungere ad un cambiamento o ad un'elevazione spirituale."[24]

Il movimento di santità americano emerse da una situazione culturale che accentuava grandemente l'esperienza religiosa emotiva. L'evangelismo, in questo contesto, come praticato in zone di frontiera ed in lunghi incontri, si concludeva con varie ed insolite dimostrazioni come il perdere conoscenza o la lode vocale a Dio. Quando gli evangelisti di santità accolsero il metodo degli evangelisti di frontiera, ebbero le medesime risposte dalle persone che venivano "all'altare" alla ricerca dell'intera santificazione. Tutte queste erano valide espressioni di un'esperienza religiosa genuina e molte persone, ancora oggi, si sentono realizzate e soddisfatte in questa tipologia espressiva. Ma un altro tipo di personalità e di sviluppo socio-economicoculturale ha condotto persone, ugualmente religiose e devote, a vivere l'esperienza della Grazia santificante in modo meno drammatico, ma pur sempre reale ed efficace. Sembra, allora, importante riconoscere, per se stessi come per gli altri, che Dio rispetta l'individualità e non ci pressa in forme di espressioni religiose che violano e, perciò, in un certo senso, distruggono la nostra singolarità e unicità.

Molti credenti sinceri hanno lasciato il movimento di santità perché forti personalità hanno provato, con forza, ad imprimere in loro la propria esperienza. Delusi e poco propensi a lasciarsi conformare a un determinato tipo di esperienza hanno cercato un ambiente meno opprimente. Oggi dobbiamo essere tanto maturi da riconoscere che Dio permette ad ognuno di noi di essere come siamo entro i limiti di quella che noi definiamo l'opera santificante dello Spirito Santo.

Come ci prepariamo a ricevere la Grazia santificante di Dio? Come abbiamo già accennato, non vi sono formule magiche che ci conducano automaticamente in essa. Vi sono però, dei suggerimenti dalla Scrittura e dalla esperienza , riguardanti il tipo di azione da intraprendere.

Nell'Antico Testamento, come abbiamo già notato, le pratiche cerimoniali distinguevano le persone o le cose ritenute proprietà di Dio o per il Suo servizio. Grande enfasi veniva, infatti, posta sull'apporto umano, sulla santificazione raggiungibile con le forze umane. Senza dubbio, tutto ciò ha ispirato l'esortazione paolina nei confronti di coloro che erano stati giustificati, con l'invito ad offrirsi o consacrarsi a Dio. In Romani 6:13 egli dice, "presentate voi stessi a Dio come di morti fatti viventi, e le vostre membra come strumenti di giustizia a Dio." Questo è quanto egli ripete nel v. 19 quando esorta dicendo:"prestate ora le vostre membra a servizio della giustizia per la vostra santificazione." Egli pensa che questa sia la cosa più logica da fare. Poiché si è stati trasportati dall'essere "in Adamo" all'essere "in Cristo" e viventi in Dio, l'implicita conclusione logica di quest'opera di Grazia è la totale consacrazione di se stessi. Possiamo perciò suggerire che una piena e completa consacrazione è un elemento importante nell'appropriazione della Grazia dell'intera santificazione.

J. Wesley sottolinea, generalmente, tre aspetti di una vera e significativa appropriazione della piena salvezza.

1. **Il primo è il pentimento.** È qualcosa di diverso dal primo pentimento che precede e prepara alla fede salvifica. Fondamentalmente include due elementi: *la conoscenza di se stessi* e *la consapevolezza della propria incapacità* di liberarsi dal peccato persistente. Ciò suggerisce che un senso di profondo bisogno è fondamentale per poter ricevere la Grazia santificante di Dio. Quando si è coscienti di questa disposizione all'autogoverno che, nel Nuovo testamento, è indicata come mente carnale o la carne, la strada è aperta per invocare la liberazione di Dio. Insieme a questa consapevolezza vi è, altrettanto importante, la piena coscienza della propria incapacità a vincere o mortificare la mente carnale.

2. **Segue, allora, la mortificazione**, cioè l'attiva dismissione di tutti quei segni della vecchia vita e, mediante pratiche e disciplina spirituali, l'impegno a vivere secondo il volere di Dio. Ciò sembra implicitamente intendere un'eliminazione graduale delle manifestazioni di un comportamento egocentrico.

3. **Il passo finale è la fede** che è l'appropriazione delle promesse di Dio. La fede risponde al secondo aspetto del pentimento e riconosce la propria piena dipendenza dall'opera dello Spirito per purificare ciò che rimane del peccato (auto-

nomia della volontà) che è ancora presente nel credente nato di nuovo.

Oltre a queste considerazioni, Wesley sottolineava la pratica delle regolari discipline cristiane: la preghiera, la lettura della Bibbia, il culto, la partecipazione ai sacramenti e ad altri mezzi di Grazia. Tutte queste ampliano l'opera di santificazione nella vita umana, non soltanto guidando allo stadio dell'amore perfetto ma, anche, intensificando la vita cristiana fino al suo traguardo della glorificazione.

ESERCIZI DI FORMAZIONE SPIRITUALE

Chiariamo i concetti

A. Domande sui contenuti

1. Rendere l'esperienza dell'intera santificazione una formula uguale per tutti è molto rischioso per i seguenti motivi:

   A. crea casi di clonazione religiosa

   B. minimizza la sovranità di Dio

   C. tali formule non prendono in considerazione i fattori culturali che spesso danno forma alle esperienze religiose

   D. la Bibbia stessa non specifica dei passi particolari e invariabili per la santificazione

   E. tutti quelli su citati

2. Santificazione

   A. è un processo per tutta la vita
   B. è un'esperienza istantanea in cui il credente è reso perfetto nell'amore
   C. si verifica nel momento in cui Dio libera il credente dal peccato interiore
   D. inizia alla nuova nascita e continua fino alla morte ed oltre
   E. include tutti i motivi su citati.

3. Wesley basava la sua dottrina di santificazione istantanea

   A. sul fatto che la Grazia santificante si riceve per fede
   B. sull'osservazione dell'esperienza del popolo di Dio
   C. sulla logica
   D. sulla natura del peccato
   E. su tutti i motivi su citati

4. Quali motivi sono addotti nel c. 8 per provare la crisi e il processo nell'esperienza di santificazione?

   A. pellegrinaggio ed evento
   B. ricerca e dono
   C. progressività ed istantaneità
   D. il paradosso di un momento ed una vita intera
   E. tutti i motivi su citati

5. Pur se non esistono formule magiche per provare l'esperienza dell'intera santificazione, tuttavia, nel c.8, sono offerte delle indicazioni generali che includono alcune delle seguenti affermazioni:

A. consacrazione totale
B. consapevolezza di non poter purificare il proprio cuore con le proprie forze
C. mortificazione
D. impegno nella preghiera, nello studio della Bibbia, nel culto e nella partecipazione al sacramento della Santa Cena
E. tutte le su citate affermazioni (la E è la risposta giusta in tutte le 5 sezioni)

Sensazioni ed attitudini

Molti, desiderosi di fare qualsiasi cosa per giungere alla piena salvezza, hanno scoperto che non vi era alcuna penuria di maestri desiderosi di dare loro dei consigli. Solitamente, però, i consigli erano basati sulle proprie personali esperienze di Grazia. "Se ho visto uomini camminare come gli alberi allora lo dovresti vedere anche tu," era la solita deduzione. Quando però, la propria esperienza non si confaceva alle altre, molti credenti soffrivano, lottavano, si illudevano e, infine, lasciavano perdere disperati. Alcuni, persino, soccombevano al cinismo o diventavano molto negativi.

Se alcune delle precedenti condizioni descrivono la tua esperienza, trova un luogo per pregare ed offrire a Dio tutto il tuo dolore passato, la delusione o l'amarezza. Scrivi i sentimenti negativi che sono stati provocati in te e presentali a Dio. Infine, alla luce della Sua benedizione liberati da queste esperienze negative nella serena fiducia che l'Iddio che ti ha creato conosce bene il modo di rivelarsi per farti vivere una vera un'esperienza spirituale.

Applicazione vitale

Ciò che ho letto o considerato riguardante la varietà di esperienze religiose, la sovranità di Dio, la natura della fede, ed i modi in cui la cultura può dar forma al modo in cui esprimo la spiritualità, mi suggerisce che devo:

A. evitare di giudicare subito la spiritualità altrui
B. attendere pazientemente che il Signore operi in me secondo i Suoi piani
C. tollerare coloro che hanno un'esperienza religiosa diversa dalla mia
D. confidare nella certezza che se fedelmente seguo Gesù in devozione e servizio ricercando la Grazia santificatrice, Dio certamente risponderà quando avrà preparato adeguatamente il mio cuore per riceverla.
E. tutte le suddette affermazioni.

9

Santificazione e salvezza finale

Il soggetto che proponiamo a conclusione di questa breve trattazione è molto delicato e presenta molti trabocchetti. Tuttavia, è importantissimo per mantenere una sana dottrina. Distinzioni chiare sono necessarie per evitare di pervertire la verità. La tradizione è anche molto forte ed alcuni hanno opinioni profondamente radicate. Niente può turbare le calme acque quanto mettere in discussione determinati pregiudizi.

In primo luogo dobbiamo definire ciò che intendiamo per "salvezza finale." Normalmente, in alcuni, ciò evoca immagini del cielo ma il Nuovo Testamento dice ben poco del paradiso come luogo in cui i giusti abiteranno. Ancor più semplicemente, quando ci riferiamo alla salvezza finale intendiamo l'accoglienza finale da parte di Dio. Possiamo allora porre la domanda in questi termini: "Dio richiede qualcosa di diverso o qualcosa in più per l'accoglienza finale di quanto Egli normalmente faccia per quella iniziale?"

Nessuna chiara definizione teologica nella storia del cristianesimo classico ha mai risposto affermativamente a questa domanda. Tutti, cioè, hanno affermato che la base dell'accoglienza iniziale da parte di Dio è la medesima per cui Egli ci accoglie alla Sua eterna presenza. Questa affermazione ci riconduce alla discussione iniziale sul rapporto tra giustificazione e santificazione. Come abbiamo già notato in quel caso, la tradizione medievale cattolica poneva la santificazione come condizione per la giustificazione. L'intera santificazione era la condizione essenziale per ottenere il favore di Dio e, infine , entrare "in cielo." Ma, poiché soltanto pochi eletti (essi pensavano), in questa vita, sono mai pervenuti a questo stato, era necessario il Purgatorio come luogo dove il processo di santificazione si sarebbe completato.

La Riforma protestante ha insistentemente affermato che Dio ci accetta "ora e sempre" sulla base di una "giustizia" non nostra. Martin Lutera insegnava che non possiamo mai essere santi in questa vita; infatti incoraggiava i suoi seguaci a "peccare coraggiosamente" (N.d.T: cf. Walter Kreck, Dogmatica Evangelica, Claudiana, p.310 ss.). Tuttavia, considerava ancora necessaria la giustizia etica per essere accolti da Dio sempre. Per questo motivo pervenne alla nozione di "giustizia imputata"la giustizia di un altro quale fondamento di salvezza finale.

Precedentemente abbiamo già notato, invece, come la Bibbia insegni che siamo accolti da Dio per fede. Per fede siamo considerati giusti non in modo *etico* ma *relazionale* perché ci troviamo nella giusta relazione con Dio . Questa diviene la base della nostra accoglienza finale da parte di Dio. Come afferma J. Kenneth Grider, "il destino eterno è stabilito fin dalla prima opera di Grazia." D'altronde, ci chiediamo, se la giustizia etica è la base della salvezza finale chi può essere salvato? L'onestà ci fa riconoscere che, in questa vita, non vi è uno stato di Grazia di impeccabile perfezione. Per questo motivo, in questo trattato, abbiamo sottolineato la purezza del cuore come purezza di intenzioni e non di azioni. La fede nella misericordia di Dio è l'unico fondamento della nostra fiducia e lo stesso J. Wesley, sul letto di morte, affermò: "Sono il primo dei peccatori, ma Gesù morì per me." È proprio questa la preghiera finale di ognuno di noi.

Possiamo, allora, parlare ancora di vita santa? Dove possiamo collocare l'esperienza della santificazione? È doveroso fare delle distinzioni ben chiare sottolineando, in primo luogo, un aspetto importante. Diversamente dal calvinismo, noi crediamo che nonostante la capacità venga sempre da Dio, ogni persona deve scegliere il modo in cui rispondere al vangelo poiché la Grazia non è irresistibile. Per lo stesso motivo, rifiutiamo l'idea per cui "una volta nella Grazia si sia sempre nella Grazia." La nostra continua relazione con Dio dipende da un persistente cammino di obbedienza ma è importantissimo comprendere come questo cammino di obbedienza non debba essere considerato il motivo per cui Dio ci accoglie. Il vero motivo è la fede nel Suo amore e nella Sua misericordia ma questa fede, se genuina, si manifesterà autenticandosi, con la ricerca della santità di cuore e di vita. Poiché la nostra relazione con Dio è, per natura, condizionata, la si può interrompere per disubbidienza o negligenza come la Bibbia insegna chiaramente. Possiamo, perciò, affermare che procacciare la santità è una condizione essenziale della salvezza finale (vd. Ebrei 12:14).

Nondimeno, non significa che un certo grado di santità debba essere raggiunto o persino dato da Dio. Per questo motivo Wesley, saggiamente, insisteva dicendo che l'intera santificazione deve essere predicata in modo da attrarre e non da costringere le persone.[25]

Rispondendo alla domanda "la predicazione cristiana della perfezione fatta in modo rigido non tende forse a imprigionare i cristiani in un tipo di schiavitù o di paura servile?" egli rispose, "Sì, è vero: perciò dobbiamo sempre porla nella migliore luce perché possa motivare soltanto la speranza, la gioia ed il desiderio."[26]

Inoltre, il non aver provato pienamente la salvezza non deve essere motivo di paura al pensiero di poter morire prima di questa grande liberazione. Dovrebbe essere un motivo di preoccupazione e di desiderosa ricerca ma non di paura e tormento. Ciò che importa è la certezza di essere stati accolti da Dio e la speranza nelle promesse di Dio che intendono la totale purificazione.

Secondo l'interpretazione wesleyana, perseverare nella fede è la condizione fondamentale e finale per la salvezza eterna. Questo cammino di fede si concluderà prima o dopo nella perfetta santificazione. Dopo tutto, Dio è fedele alla Sua parola e noi viviamo per le Sue promesse. In questo modo camminiamo per un sentiero stretto che evita, da un lato, l'antinomismo (il disprezzo della legge di chi non considera necessaria una vita santa) e, dall'altro, la giustizia per le opere. Richiede, però, il credere seriamente che soltanto la fede è il fondamento della salvezza e la nostra completa dipendenza da Dio per giungere a questa vita santa.

ESERCIZI DI FORMAZIONE SPIRITUALE

Chiariamo i concetti

Da ricordare

Questo capitolo è pieno di importanti idee "degne di essere ricordate." Identificate i vari contesti dei seguenti estratti, delle parafrasi e delle idee, presenti nel capitolo e riflettete sul loro significato.

1. L'accoglienza finale da parte di Dio o il destino eterno è stabilito già alla prima opera di grazia.

2. La purezza del cuore è purezza di intenzioni.

3. Ogni persona deve scegliere di accettare il vangelo - la grazia non è irresistibile.

4. L'obbedienza del santificato non diviene mai la base per essere accolti da Dio.

5. Procacciare la santificazione può essere la condizione per l'accoglienza finale da parte di Dio.

6. L'intera santificazione deve essere predicata per attrarre e non per costringere.

7. Il fatto che un credente sincero non sia interamente santificato non dovrebbe produrre Il pensiero di poter morire prima della liberazione.

8. La fede è la condizione ultima e fondamentale della salvezza eterna.

Sensazioni ed attitudini

Scegliete una o due delle precedenti "frasi da ricordare." Questa sera, invece di guardare la televisione, trascorrete un'ora a riflettere, a meditare, a pregare ed a rilassarvi con il "tema" da voi scelto. Rilassarsi? Si, rilassarsi spiritualmente con questo pensiero nobile ed alla presenza di Dio; non è una perdita di tempo.

Applicazione vitale

Considera le opportunità che fioriscono davanti a te per il servizio cristiano. Nel prossimo futuro sarai disposto a parlare, a guidare una meditazione familiare, a partecipare in un gruppo, a dare una testimonianza durante la settimana, a insegnare in una classe di scuola domenicale, a scrivere una lettera oppure a prendere il caffè con qualcuno bisognoso della tua guida spirituale?

Dalla lista "delle frasi da ricordare" trova delle idee da usare in una o più opportunità di servizio cristiano di questa settimana. Perché non condividi una di queste frasi con qualcuno, oggi?

Epilogo

La più chiara definizione di una dottrina riguardante l'esperienza cristiana è inutile se non accompagnata dal grande desiderio di vederla realizzata. La tragedia della storia è che i movimenti più religiosi ripieni, inizialmente, di una passione consumante per "la semplicità e la potenza spirituale della chiesa primitiva del Nuovo Testamento," sono poi divenuti delle organizzazioni preoccupate della propria sopravvivenza. L'impulso iniziale è scemato e gli ideali dei padri sono divenuti dogmi privi di vita.

Desidero grandemente che il lettore di questo trattato comprenda alcuni dei temi maggiori che accompagnano la dottrina della santificazione. Similmente, desidero che il lettore provi quella "fame e sete di giustizia" tali da procacciare questo ideale, insieme alla "nostalgia della santità" che ha contraddistinto animi sinceri in tutta la storia cristiana.

Analizzando gli inni di Wesley, si percepirà il desiderio della pienezza spirituale che era, indubbiamente, il respiro vitale dei movimenti nella loro fase iniziale. L'aspirazione alla santità viene espressa poeticamente, in maniera diversa. Concludiamo con alcuni versi da uno degli inni che esprime questa aspirazione alla santità, con la preghiera che possa diventare una nostra preghiera:

> *"Amore divino, al di sopra di ogni altro amore gioia paradisiaca, scesa in terra! Fissa in noi la tua umile dimora. Corona con le tue misericordie i fedeli.*
> *Gesù, tu sei piena compassione; Tu sei amore puro e illimitato. Visitaci con la Tua salvezza; entra in ogni cuore tremante. Completa la Tua nuova creazione e rendici puri ed immacolati.*

*Facci scorgere la Tua grande salvezza perfettamente ri-
stabilita in Te, rinnovata di gloria in gloria, fino a
quando, in cielo, giungeremo al nostro luogo, fin-
ché deporremo le nostre corone davanti a Te, im-
mersi nello stupore, nell'amore e nella lode.*

—Charles Wesley

Note finali

1. W.T. Purkiser, *Interpreting Christian Holiness* (Kansas City: Beacon Hill Press ofkansas City, 1971), 9.
2. Vd. Frank G. Carver, "Biblical Foundations for the Secondness of Enrire Sanctification," *Wesleyan Theological Journal,* Vol. 22, No.2; Fall 1987, 7-23.
3. Gordon J. Wenham, *The Book of Leviticus* (Grand Rapids: William B. Eerdmans Publishing Co. 1979), 22.
4. David Hill, *Greek Words and Hebrew Meanings* (Cambridge: Cambridge University Press, 1967) 232-33.
5. John Wesley, *The Standard Sermons of John Wesley,* 2 vol. ed., E. H. Sugden (London: Epworth Press, 1961), II:225.
6. E. Stanley Jones, *The Way to Power and Poise,* (New York: Abingdon-Cokesbury Press, 1949), 42.
7. James S. Stewart, *A Man in Christ* (New York: Harper and Row, Publishers, *n.d.*), 308.
8. Gerhard von Rad, *Genesis, a Bible Commentary for Teaching and Preaching* (Philadelphia: Westminster Press, 1972), 198-99.
9. Una trattazione ampia di questo argomento è contenuta nel libro di Mildred Bangs Wynkoop, *A Theology of Love* (Kansas City: Beacon Hill Press of Kansas City, 1972).
10. John Wesley, *Works of John Wesley,* 3d ed., 14 vols. (London: Wesleyan Methodist Book Room, 1872; reprint, Kansas City: Beacon Hill Press of Kansas City, 1978), 5:244 ss.
11. *Works* 6:488.

12. John Wesley, *A Plain Account of Christian Perfection* (Kansas City: Beacon Hill Press of Kansas City, 1968), 55.
13. *Standard Sermons* 2:80.
14. John Wesley, *Letters of the Reverend John Wesley*, John Telford, ed. (London: Epworth Press, 1931), 1:76.
15. *Works* 8:341.
16. *Works* 10:68; 6:71.
17. John Wesley, *Explanatory Notes Upon The New Testament* (London: Epworrh Press, 1954), nota su Ef. 5:28.
18. *Standard Sermons*, 2:253.
19. *Ibid.,* 2:324 ss.
20. Wynkoop, 158.
21. È facile trovare delle apparenti eccezioni a questo principio. Teologicamente, attribuiamo questa "bontà nel non convertito" alla Grazia preveniente, non alla bontà naturale o all'assenza di peccato in alcune persone; ciò, infatti, contraddirebbe il chiaro insegnamento biblico.
22. *A Plain Account of Christian Perfection*, 62.
23. *Standard Sermons*, 2:390 ss.
24. Daniel Steele, *Steele's Answers* (Chicago: Christian Witness Co., 1912), 128.
25. *Works*, 8:286.
26. *Ibid.,* 297.

Bibliografia

Consigliata per un ulteriore approfondimento

Cook, Thomas, *New Testament Holiness,* London: Epworth Press, 1950.

Cox, Leo, *John Wesley's Concept of Perfection,* Kansas City:Beaco Hill Press, 1964.

Exploring Christian Holiness, 3 voll, Kansas City: Beacon Hill Press of Kansas City, 1985.

Great Holiness Classics, 5 voll., Kansas City: Beacon Hill Press of Kansas City, varie date.

Greathouse, W. M. and Dunning, H. Ray. *Introduction to Wesleyan Theology,* revised. Kansas City: Beacon Hill Press of Kansas City, 1989.

Lindstrom, Harald, *Wesley and Sanctification.* Asbury, Ky.: Francis Asbury Publishing Co., *n.d.*

Wesley, John, *A Plain Account of Christian Perfection,* Kansas City: Beacon Hill Press of Kansas City, 1968.

Wynkoop, Mildred Bangs, *A Theology of Love.* Kansas City: Beacon Hill Press of Kansas City, 1972.

www.ingramcontent.com/pod-product-compliance
Lightning Source LLC
Chambersburg PA
CBHW021133020426
42331CB00005B/753